山南壁画补编

湖南省文物考古研究所
西藏自治区文物保护研究所　编著
西藏自治区山南市文物局

科学出版社
北京

内 容 简 介

本书是《山南壁画》一书的补编，包括了西藏自治区山南市42座佛教寺庙的壁画图像资料，反映了各个寺庙壁画的整体面貌，不仅实现了山南壁画信息的数字化保存，也为藏传佛教考古、壁画图像学和西藏艺术史诸多研究领域提供了全新的资料。

本书可供相关研究机构、研究人员和大专院校相关专业的师生阅读、收藏。

图书在版编目（CIP）数据

山南壁画补编 / 湖南省文物考古研究所，西藏自治区文物保护研究所，西藏自治区山南市文物局编著. —北京：科学出版社，2021.3
ISBN 978-7-03-068379-3

Ⅰ. ①山… Ⅱ. ①湖… ②西… ③西… Ⅲ. ①寺庙壁画－介绍－山南 Ⅳ. ①K879.41

中国版本图书馆CIP数据核字(2021)第046532号

责任编辑：张亚娜　郑佐一 / 责任校对：邹慧卿
责任印制：霍　兵 / 书籍设计：李猛工作室

科学出版社 出版
北京东黄城根北街16号
邮政编码：100717
http://www.sciencep.com

北京汇瑞嘉合文化发展有限公司 印刷
科学出版社发行　各地新华书店经销
*
2021年3月第 一 版　开本：889×1194　1/12
2023年10月第二次印刷　印张：41　2/3
字数：870 000

定价：800.00元

（如有印装质量问题，我社负责调换）

目录

山南佛教寺院壁画概述

柴焕波

山南市地处雅鲁藏布江中下游，境内雅砻河谷自然条件优越，为藏文明的发祥地。山南也是佛教寺院壁画极其丰富的地区，本文依据“山南市古寺庙壁画数字化”项目所取得的资料，试从两个方面进行概述：

第一，山南市佛教寺院众多，目前共有寺庙、佛塔、修行洞共430处。本文根据相关的历史资料，对山南佛教史进行初步梳理，力图将各处寺庙的历史沿革纳入佛教史整体背景中。

第二，不同教派的壁画总会带着自宗的特征，本文通过揭示各教派的义理与壁画题材之间的关联，显示不同教派壁画的某些特征。

需要说明的是，本文所引的寺庙沿革方面的资料[1]，大多未及订正，可能存在一些错误；此外，对于各教派壁画特征的论述，也只是列举了若干实例[2]，认识尚属粗浅，不备之处，乞学者指正。

壹、吐蕃时期的山南佛教寺院

约在公元前2世纪，早期悉补野部落的第一代赞普聂赤统一了牦牛部落，兴建了第一座宫堡雍布拉康，并确立了子孙世袭的赞普制度。相传第27代赞普拉托托日年赞当政时期，雍布拉康上空落下一个宝箧，里面有《大乘庄严宝王经》《百拜忏悔经》及金塔一座，从此，佛教圣法开始建立起来。7世纪中叶，松赞干布（617～650年）先后征服了苏毗、羊同及其他部落，建立了吐蕃政权，逐步将政治中心由雅砻河谷向拉萨地区转移。定都逻写（拉萨）后，文成公主推算出吐蕃为罗刹女仰卧地势，于是在吐蕃全境修建了十二座镇魔神殿，具有镇服四方鬼怪的观念。

乃东县昌珠寺就是最初十二镇魔神殿之一，传说这里原是一片大湖，湖中有九头怪龙兴风作浪，松赞干布在贡波日修法[3]，令大鹏鸟降服怪龙，湖水随之干涸，昌珠寺终于在此建成。现存昌珠寺的乃定拉康，是传说中松赞干布和文成公主的留居之地。此外，山南市还有一些镇边神殿，如洛扎县拉隆寺、枯定拉康、给曲拉康，浪卡子县打隆寺、绒布拉康等，相传皆为松赞干布时的镇边神殿。

赤德祖赞（704～755年）时期，扎囊桑耶地方的札玛止桑是赞普牙帐所在之一，乃东县的傍唐宫是赞普为金城公主所筑的宫殿，两处遗址尚存。乃东县的甲萨拉康（意为“汉公主神殿”）是赞普为金成公主修建的一座拉康。据《卫藏道场胜迹志》记载，吐蕃王朝崩溃后，沃松的后代俞坚将喇钦·贡巴绕色的弟子噶米·云丹雍仲迎至甲萨而主其地[4]，重修后的建筑至今尚存。

乃东县吉如拉康建于730年代，是赤德祖赞和金城公主为收留逃难到吐蕃的于阗僧人而建造的，《巴协》《西藏王统记》对此皆有记载，为山南现存最古老的寺庙建筑。吉如拉康墙体内还发现大量手抄经卷，不少属吐蕃时期，也有14世纪从吐蕃经书中辗转抄写的。

赤松德赞（755～797年）执政时期，吐蕃势力鼎盛一时。赤松德赞派遣大臣去印度礼拜人菩提道场和那烂陀，并迎请了印度僧人寂护、莲花生、莲花戒入藏。桑耶寺为西藏第一座“佛、法、僧”三宝俱全的寺院，相传寺院的地点为莲花生选定，建筑布局由寂护设计，赤松德赞亲为寺院奠基。桑耶寺建成后，为了培养翻译人才，赤松德赞又派遣毗卢遮那等二人为一批、南喀宁波等五人为另一批，先后到印度求学，为佛教在西藏的传播奠定了基础。

寂护是8世纪印度那烂陀寺的主讲，他与稍前的智藏和自己的门人莲花戒，并称“东方自立量派三大家”[5]。寂护是中观瑜伽行派的创建者，他坚持自续派的独立论证路线，并受到法称因明学认识论和方法论的影响，认为外界一切存在虽然都是“识”的流转和显现，但从终极意义（胜义）上看，则不过是“寂火戏论”或“毕竟空”。他的《摄真实》等著作，用般若思想贯通中观瑜伽两派理论，他的思想经莲花戒、师子贤诸大师，对西藏显教各派有着重要的影响。据《巴协》记载，寂护死后，“他的灵堂修在

图 1　哈布日山东麓的寂护灵塔

图 2　桑耶寺乌孜大殿内侧围廊二层壁画
莲花戒和摩诃衍那和尚隔河斗法情景，19 世纪初期

亥保山（即哈布日山）背后，还建造了一座佛塔”[6]，现哈布日山东麓的寂护灵塔为近年重建[7]（图 1）。此后，耶喜旺布（拔塞囊）被娘·丁增逼迫，到了洛扎的喀曲。据文献记载，顿渐法诤开始时，有僧人或自残、或点火自焚，在此情形下，耶喜旺布按寂护的遗言，提议赤松德赞到尼泊尔迎请寂护的门人莲花戒[8]（图 2）。

当时，吐蕃僧人的思想正徘徊在寂护和摩诃衍那之间，摩诃衍那“三摩地”教义的基本内容是“离一切想”，这种禅定方式也被理解为“什么都不想”。但对于正统佛教徒来说，“离一切想”的修习方法算不上什么，只能给取得“妙观察智”制造障碍。辩论的结果，莲花戒胜出，吐蕃最终采用了印度中观瑜伽行派的理论，摩诃衍那被赶回内地。后来，“呷玛拉喜拉（即莲花戒）夜晚在译经的房中被外道派来的刺客捏挤腰子而害死”[9]。寂护和莲花戒的著作，当时除给少数人传授外，大部分都作为伏藏，直到后宏期才被陆续发现。

莲花生是西印度乌仗那人，他是寂护的妹夫，他来西藏是为了制服西藏的苯教势力。苯教是佛教之前的本土宗教，带有浓厚的萨满气息。在苯教传统中，居住地附近的山神或家族中某个忠实的管家，都可以成为自己的保护神而被加以供奉，它们以动物、兵卒或头盔、胸甲、筒靴、剑刀、旗帜、长矛等面目出现。如何通过佛教仪轨控制它，是莲花生所面临的任务。莲花生不仅驱除和镇伏阻挡佛法的神鬼，也致力于灵魂的解脱，他在西藏所采用、传播的密咒，属于印度持明密教的范畴。这一时期山南境内的许多山清水秀之处，大多留下了莲花生修行的传说，至今仍为僧人的野外修行地。

青朴修行地位于桑耶寺东北 15 里的纳瑞山麓，相传寂护、莲花生、赤松德赞等 25 位大德都曾在此修行，并获得成就（图 3）。青朴也是重要的暗埋伏藏之处，宁玛派高僧隆庆饶将巴（智美畏赛）在青朴岩洞苦修三年，发掘出宁玛派最高密法“堪卓宁提”（空行心要）伏藏，宏传了大圆满心要法门。

曲卧日修行地位于曲水县雅江南岸，拉萨河下游和雅鲁藏布江汇合之处，现属贡嘎县境（图 4）。山上有莲花生的修行洞。牟尼赞普的王妃嘎杰措美多准曾在此建造贝曲卧日神殿。据《道路指南》：“曲卧日有可使西藏产生幸福的 108 处山泉及百余座修道处。”[10] 朗达玛灭佛时，贡巴饶赛、约格迥、玛·释迦牟尼三大德（史称三贤士）正在吉祥曲卧日山修行，闻讯后，从此逃往安多的定底寺[11]。神山东南角的次久珠德寺和西北角的秀布日拉康，至今尚存。

贡嘎县阿扎乡的查央宗、宗工布修行洞也因莲花生的修行而声名远播，从吐蕃晚期开始，有人在这两处自然洞穴的石壁上，雕刻莲花生、无量寿佛、人身兽面护法神、六字真言等石刻，后人还在附近修建寺庙。

卡久寺位于洛扎县拉康镇西南的卡久山巅，“夹普坚”修行洞位于寺庙西面的崖壁中间，相传莲花生及众弟子在此修行达 7 年之久，先后有 21 位修行者获得成就。

图 3　青朴修行地

图 4　曲卧日修行地

在山南地区，相传为莲花生创建的寺庙也很多，如现存的贡嘎县果曲拉康、桑日县里龙寺、加查县巴岗寺、错那县色木扎拉康、浪卡子县姆地寺等。

据《智者喜宴》记载："莲花生向赞普（赤松德赞）传授了秘密滋生圆满之二部经教，即为赞普灌顶，而赞普则将王妃堪卓耶协措杰（堪卓，意为"空行母"）作为灌顶的报酬献给了（莲花生）"[12]。赤松德赞之女白玛赛也曾依止莲花生学密法。这些都导致反佛势力的不满，莲花生被迫返回印度。此后，"王（赤松德赞）又迎请阿阇黎大咒师法称、无垢友、佛密、静藏等诸天竺班智达多人来藏"[13]。

法称、无垢友都是传播密宗金刚乘的大师，法称依瑜伽金刚曼陀罗传授灌顶，并在吐蕃培养了一批译经人才，从梵文中翻译了大批佛典，并编著了三部著名的经典目录，即旁塘目录[14]、丹噶目录[15]、青浦目录[16]。

乃东县毗如洞位于昌珠镇白荣村石马山腰处，是赤松德赞时期大译师毗如遮那的修行岩洞。毗如遮那，意译为"遍照护"，前藏尼木人，为桑耶寺建成后出家的藏族七僧人之一，他曾被派往印度学密法，并迎请了法称、无垢友到桑耶寺传法、译经。

乃东县玉意拉康是赤松德赞为其母昂楚绛曲所修建，也是埋有伏藏的修道处，后宏初期鲁梅弟子博穹·楚臣炯乃曾住此寺，宏伟戒律[17]。此外，措美县拿定寺、扎囊县措杰拉措拉康、加查县贡最寺，相传也是赤松德赞时期修建的寺庙，有的尚存局部墙体。

琼结县若康拉康始建于公元 8 世纪末至 9 世纪初，由藏王牟尼赞普（774 ~ 798 年）的妃子所建，历经复修，至今尚存。

赤祖德赞（815 ~ 841 年）又名赤热巴坚，他制定了七户供僧制度，使僧侣免除了赋税和体力劳动，他还在王宫内设置供奉佛、法、僧三宝的道场，让僧人参与国政，对佛教的发展起到了推动作用。在西藏佛教史上，松赞干布、赤松德赞、赤祖德赞被称为支持佛教的"祖孙三王"。

桑日县巴朗曲康始建于吐蕃中、晚期，11 世纪由宁玛派僧人进行过维修，至今尚存。此外，相传建于吐蕃时期的寺庙还有：洛扎县开雪拉康，贡嘎县秀布拉康，隆子县色琼寺、色切寺，桑日县吉仲拉康等。它们代表了吐蕃佛教的古老渊源，但建筑不再有当初的原貌。

吐蕃时期的壁画已属凤毛麟角，唯一留下的是大昭寺二楼侧廊壁画，为纯正的印度波罗风格。山南市的吐蕃壁画实迹已难以寻觅。是否存在一些经板背面的彩画或贝叶经插画，目前尚不清楚。不过，吐蕃时期的宗教义理和壁画的特点，在后宏期宁玛派的教义和壁画中，尚可略窥端倪。

贰、后宏期山南佛教寺院及其壁画

朗达玛在位期间（838 ~ 842 年），西藏佛教受到剪灭，此后百年史称"灭法期"或"黑暗时代"。据《智者喜宴》记载，吐蕃王朝崩溃后，云丹系赞普后裔在桑耶地区繁衍，10 世纪中叶，云丹的第 6 世孙擦拉意希坚赞成为桑耶地区的首领兼桑耶寺主，970 年，他派遣鲁梅·喜饶楚臣等 9 人赴多康地区，随喇钦学习戒律和经论。978 年，鲁梅等人学成返回，在桑耶寺、噶迴寺等地受戒僧人，建立各种道场如夜空繁星，此为后宏期“下路宏法”的开端。11 世纪中叶，阿底峡入藏，此后，他从阿里前往卫藏，在山南留下他亲履的足迹；玛尔巴、米拉日巴创立噶举派，帕木竹巴支系在山南独树一帜；12 世纪中叶开始，山南出现了不少宁玛派掘藏师；与此同时，噶当派、萨迦派也纷纷在山南建立自己的道场；14 世纪末，宗喀巴长时间在山南活动，参拜各派上师，至 15 世纪初形成了格鲁派。至此，藏传佛教各派在山南形成了交相辉映的景象。现将山南市后宏期各宗派寺院的历史沿革、义理和壁画情况，分别予以叙述。

一、宁玛派寺院

1. 历史沿革

宁玛，意为“古”或“旧”，意指其教义是从前宏期莲花生、无垢友、毗卢遮那、娘·丁增桑布等翻译传承下来的，是藏传佛教最古老的一个宗派。

宁玛派早期无固定的寺院、僧人组织和系统性的教义。11 世纪，“三素尔”在卫藏地区建立了一系列寺庙，“三素尔”是指素尔家族的三个人，“大素尔”索尔波且·释迦迥乃（1002 ～ 1062 年）、“小素尔”索尔穷·喜饶扎巴（1014 ～ 1074 年）、卓浦巴·释迦僧格（1074 ～ 1134 年），他们祖父孙三代传承前宏期的集幻心三大部密乘经典，称为旧密咒派，宁玛派这个名字即是从释迦迥乃开始的（图 5）。约从 12 世纪中叶开始，山南地区出现了不少宁玛派掘藏师，发掘出朗达玛灭佛时的伏藏。

安达娘·尼玛畏赛（1124 ～？）是娘·丁增桑布的后代，安达是敬称，意为“领主”，他出生于措美当许，一生在措美、洛扎掘出不少伏藏，被称为宁玛派上部掘藏师。12 世纪中叶，他修建了措美玛吾觉寺、达玛森康寺。玛吾觉寺传承了他的世系，在他的心传弟子吐色·卓瓦衮时期进入鼎盛时期。五世达赖后，玛吾觉寺、萨迦寺、敏珠林寺并称为“噶厦地方政府三大法寺”。

白玛林巴曾为洛扎县拉隆寺住持，传说他先到不丹，后到门域、白隆（现在的门达旺），把宁玛派教法传到门域地区，后在白隆附近的域松定居并圆寂。

赛·古汝却旺（1212 ～ 1273 年）是洛扎杂日地方人，他创建了措美县乃西寺，被称为宁玛派下部掘藏师。

此外，“扎囊十三贤”之一的扎巴恩协在伏藏方面也有重大建树，宁玛派也将他尊崇为本派的掘藏师。“扎囊十三贤”之一的亚钦·乌坚林巴也是宁玛派的一个重要人物，他于 14 世纪创建了扎囊县亚钦寺、桑日县乌坚曲定寺。

隆庆饶绛巴（1308 ～ 1363 年），本名叫智美畏色，又称无垢光大师，十二岁出家，修习宁玛派及其他宗派的密法，在桑浦寺学习《慈氏五论》《法称七因明》等显宗经论，成为显、密兼通的宁玛派高僧，他通过《七宝藏论》《四部心要》《三休息论》等著述，对宁玛派心部的大圆满法进行了精细的整理和阐扬，是宁玛派教法的集大成者。宁玛派历来重视大圆满法，主张人心本自清净，三身圆满，不假造作，本自现成。隆庆饶绛巴认为，大圆满法是由本初佛普贤所说，反映了诸法本净、空无自性的哲学思

图 5　桑耶寺乌孜大殿内侧围廊二层壁画
宁玛派“大素尔”释迦迥乃像，19 世纪初期

想。他从“缘起性空”的角度，对旧说进行了订正。他认为，如果不将因果关系建立在“缘起空性”的基础上，而是实有自性，这样会把因无明而导致的生死轮回误认为实有，永远得不到解脱。他站在中观学派立场上阐述万法皆空，成为宁玛派的新派主张，他的《七宝藏论》是宁玛派僧人的必修之书。

扎囊县吉汝乡扎西林村为隆庆饶绛巴出生地，该村的堆荣寺是他最初修行的地方，尚存佛堂残墙。现存的琼结县次仁炯寺、乃东县孜梯拉康也曾是他的驻锡地。

五世达赖洛桑嘉措（1617～1682年）身为格鲁派领袖，个人却信奉并实修宁玛派密法，传说他是娘·尼玛畏赛的转世，在他的支持下，不少宁玛派旧寺得到重修。历届噶厦政府还指定宁玛派僧人作为祈祷师，每逢战争、灾荒、瘟疫等事件，都要作法禳解。

后来，德达岭巴·吉美多杰（1646～？）将所有伏藏集中在一起，称为南藏。1670年，德达岭巴在旧寺的基础上，创建敏珠林寺，还创建了其他宁玛派寺院，如现存的扎囊县达杰曲林寺、宁多寺，错那县曲宗拉康等。此后，仁增郭季定楚坚也把许多伏藏汇集在一起，称为北藏。1666年，宁玛派僧人扎西道杰在雅江北岸创建多吉扎寺，以宏传北藏为主[18]。

山南市现存的宁玛派寺庙还有：琼结县白日寺（16世纪），桑日县藏嘎拉康（13世纪）、真措拉康（年代不详），贡嘎县布塘寺（1122年）、久扎西顶拉康（1708年），洛扎县乃文寺（17世纪）、衮索寺（年代不详），措美县强曲林寺（17世纪）、桑阿曲林寺（1912年），浪卡子县拥布岛寺（16世纪）、扎热桑单曲林寺（1602年）、扎西贡桑曲林寺（1877年）、色瓦坚寺（年代不详）等。

2. 壁画举例

吐蕃时期传译的印度密教主要是陀罗尼、持明（事部）、真言（行部）及瑜伽诸部密教。松赞干布被视为观音的化身，布达拉（即普陀）是观音的道场，六字真言是观音咒，康藏各地诵念的六字大明咒，即是从此时开始的。

莲花生采用持明密咒来对付西藏苯教，为清净西藏佛教开辟了道路，至此，众多的鬼怪神灵都成为佛教的护法神。在佛教寺院中，护法殿往往成为鬼神的聚集之地，这些神祇多数源于印度，部分是被收服的西藏本土神灵。在宁玛派经典中，重要的护法神分为九组，它们具有详细的名称、形态和相应的咒语，它们源自宁玛派所修的持明密教的经典。

这九组神祇包括[19]：

① 阴曜三神，包括护法天女、大曜遍入天、立誓善金刚（骑狮大护法）；

② 大自在天，是一位财神，又属于出世间护法神；

③ 女神尼玛旬奴，标志是一支卜箭和一个装满珠宝的平盘，没有坐骑；

④ 念青唐古拉神[20]；

⑤ 以白哈尔为首的称作“五身”的一组神；

⑥ 罗刹载乌玛保，最重要的“赞”之一；

⑦ 十二丹玛女神，主神是多吉玉仲玛[21]；

⑧ 尸陀林主，阎罗的伴属神，一对男女骷髅之形；

⑨ 各种山神，主神是玛卿伯姆热和雅拉香波山神。

桑耶寺乌孜大殿底层经堂（即《巴协》中的“前殿”）大门南侧壁画：北端上方是持金刚，下方为红面狱卒；南端上方为顶髻尊胜佛母及眷众，下方为吉祥天女[22]；中间部分的上方为一尊观音像，下方是五尊依次排列的白哈尔，即上述“白哈尔为首的称作‘五身’的一组神”（图6）。

白哈尔是白色天魔之化身，戴头盔，着长筒靴，手持战矛和占卜箭，坐骑为三腿骡，有的带有明妃，此神来自白达霍尔（即回鹘），吐蕃曾经对此用兵，因而将此神带入，并被莲花生指定为桑耶寺的护法神。在格鲁派看来，世间护法神中的主神是白哈尔[23]。

桑耶寺乌孜大殿东门北侧甬道北壁，有长寿五姊妹女神壁画（图7），她们是喜马拉雅山的五位山神，也是雪山脚下五个冰雪湖，不同颜色与五位女神联系在一起，她们的居住地在“尼泊尔和西藏的交界地方”[24]。

金刚神舞是牟尼赞普在桑耶寺设立的四大供养之一，传承至今。藏历一月十日黎明，桑耶寺僧人要登上屋顶向东凝望，传说这天莲花生会骑着太阳的第一道金光重返西藏。赞普赤松德赞、大堪布寂护、密咒师莲花生及8个化身都会出现于跳神舞台上。“堆顿曲巴”节也是由僧人扮演的神舞表演，桑耶寺两位最凶猛的护法神白哈尔和赞玛热赞都会出场，按仪轨后边紧跟100位咒师、100位比丘、100位魔女、100位武士组成的方队，狰狞威猛，令人惊心动魄。这些神祇皆来自宁玛派仪轨经典，反映了吐蕃时期持名密教驱魔除障的风貌。

乃东县昌珠寺是松赞干布时期兴建的镇边寺庙之一，乃定拉康二层壁画是依据莲花生经典而绘制的，其中的北壁壁画（图8），主像为莲花生，周围是二妃及莲花生的各种愤怒相，周围题材为经典中的情景，意为遇到蛇、虎等各种危险时，通过诵念相应的咒语可以获益。其他部分壁画还分别描绘了遇到妖魔鬼怪、疾病，或当信徒濒临死亡之际，诵念相应的咒语

图 6　桑耶寺乌孜大殿底层经堂大门南侧壁画
白哈尔神，约 17 世纪初

图 7　桑耶寺乌孜大殿东门北侧甬道北壁壁画
长寿五姊妹女神，约 20 世纪初

可以获益。这是昌珠寺最为珍贵的壁画。

措美县乃西寺建于公元 13 世纪后期，由宁玛派掘藏大师古如·却吉旺久（1212 ～ 1273 年）创建。乃西寺护法神殿设有 11 个莲花座台，主供莲花生及 8 种变化身、本寺护法神塑像，神殿四壁遍绘壁画，东壁两侧原为护法神像，南、西、北三壁的题材为莲花生八种名号的变化身相，这八种名号为：一释迦僧格（释迦狮子），二白玛桑巴瓦（莲花生），三尼玛畏赛（日光），四僧格扎卓（狮子吼），五多吉卓雷（愤怒金刚），六措杰多吉（海生金刚或莲花金刚），七白玛杰布（莲花王），八洛丹乔斯（爱慧）[25]。壁画上方为八大变化身的平和相，下方为愤怒相，主像四周有各自的变化身、眷属、宁玛派高僧、空行母及坛诚、天葬台、魔界等场景。其中的南壁壁画（图 9），东侧上方为平和相的狮子吼，下方为愤怒相的“土结拉确”；中部上方为平和相的日光，下方为愤怒相的“顿珍旺钦”；西侧上方为平和相的爱慧，下方为愤怒相的“强培新恰拉措”。“八变莲花生”概念中包含着西藏的宗教人物，融入了西藏的民族记忆，这是宁玛派特有的壁画题材。

在持明密教的成就法中，除了萨满性质的驱魔、除障仪轨，还要处理一些迫切的现实问题，如水旱、雪崩、瘟疫之灾，它需要各种世间知识。相传莲花生曾引水灌田，扎巴恩协本人就是医师，因此，这些技艺在古人心目中堪称神奇。当时，众多的修行者都热衷于追求自身的神通，正如《土观宗派源流》所云：“南喀宁布能把日光骑；桑结耶协以橛插山崖；杰瓦却仰三次作马鸣；喀钦措杰能起已斩尸；白吉耶协非人为奴仆；白季僧格天魔供差遣；毗卢遮那具有智慧眼；法王赤松已得不动定；玉扎宁布证德最为高；阇那鸠摩神通显变化；多吉杜炯风行无阻碍；耶协仰师能往空行处；梭布·拉白手捉猛兽颈；那囊·耶协翔空如飞鸟；白季旺秋掌握橛诛法；邓玛·孜茫得记忆总持；迦瓦·白孜能有他心通；许布·白僧能使江河倒流；杰卫罗朱能起尸变成金；齐五穹洛能擒飞空鸟；郑巴南喀从降拽野牛；沃震·汪秋入水似游鱼；玛塘·仁钦以磐石为餐；白季多吉穿山

图 8　昌珠寺乃定拉康二层北壁壁画
约 17 世纪中期

图 9　乃西寺护法神殿南壁壁画
约 18 世纪初，局部为后期修补

图 10　康松桑康林第三层佛殿南壁壁画
1929 年

无阻碍；朗卓·衮乔抛雷如射箭；杰卫绛曲空中跏趺坐。”[26]

扎囊县康松桑康林由赤松德赞之妃依照桑耶寺乌孜大殿的样式而建，第三层仅有一间佛殿，南北二壁的壁画题材为莲花生 26 位弟子，正是上述文献描述的生动体现。其中的南壁，壁画有二排人物，共 13 人，上排共 9 人，根据人物下方的藏文题记，自东向西分别是：① 那囊·耶协像鸟一样飞翔；② ？；③ 许布·白僧让水回流；④ 杰卫罗朱让人起死回生；⑤ 齐五穹洛能抓住空中的鸟；⑥ 郑巴南喀能降伏牦牛怪；⑦ 沃震·汪秋在水中像鱼一样；⑧ 玛塘·仁钦能吃岩石；⑨ 白季多吉能进入岩石。下方 4 人，自东向西分别是 ：⑩ 白季旺秋可手弯钢杵；⑪ 邓玛·孜茫过目不忘；⑫ ？；⑬ ？(图 10)。

洛扎县卡久寺“夹普坚”修行洞的外墙壁画，题材亦为莲花生众弟子的种种神通，如取得宝藏、水上行走、降魔、寻物，等等，壁画可能为五世达赖时期绘制，近年在旧痕上加了彩绘 (图 11)。

图 11　卡久寺“夹普坚”修行洞外墙壁画
约 17 世纪中期绘制，近期重绘

据多罗那他《印度佛教史》记载，佛密生活于 8 世纪的达摩波罗王朝时期，为密教大师觉智足的上首弟子，精通事、行、瑜伽三部密法，作《大日经注释》，他与法兄佛寂同往冈底斯山修行，亲见金刚界大曼陀罗。赤松德赞曾派巴曹·楚诚杰波等三译师到冈底斯山迎请，彼以年老未能应聘入卫藏，但将事、行、瑜伽三部密法传授于使者，并让使者带回《金刚界修法入瑜伽》《大日经注释》《后静虑广释》等典籍[27]。

无垢友是佛密的弟子、超戒寺的班智达，是莲花生之后第二位被迎请入藏的密教大师，宁玛派所奉行的《变幻经》及心部 18 种教授中的 13 种，以及大圆满宁提法门，都是由无垢友所传，属于大瑜伽密宗的范畴[28]。

《大日经》在8世纪下半叶已经翻译成藏文，其神祇体系以大日如来为中心，有三佛部配置，即佛部、莲花部、金刚部，常见的图像为大日如来、观音、金刚手；大日如来与八大菩萨（普贤、金刚手、文殊、除盖障、弥勒、地藏、观音、虚空藏）配置；大日如来的五部佛曼陀罗配置；最常见的单像有无量光佛、无量寿佛和不动佛，宝生佛、不空成就佛并不单独出现，只有在表现五部佛时才出现。吐蕃时期的图像大多以大日如来为中心，有学者对西藏、四川、青海等地近年发现的20余处吐蕃造像做过统计，题材皆以大日如来为主[29]，这也佐证了吐蕃时期大瑜伽密教的旨趣。

从宁玛派教义上看，“其生起次第中的主要者，即有名的‘修部八教’。内中文殊身、莲花语、真实意、甘露功德、橛事业，名为出世间五部。差遣非人、猛咒咒诅、供赞世间神，名为世间三部……立此之理，亦与行部的世间曼陀罗相同”[30]。

《青史》进一步指出：“其中妙吉祥身即毗卢遮那，莲花语即弥陀佛，真实意即不动佛，甘露功德即宝生佛，橛事业即不空成就佛，即摄于五部佛中。”[31]也就是说，所谓出世五部即是曼陀罗五部佛，这正是大瑜伽密宗的核心所在。

桑耶寺为西藏第一座具备佛、法、僧三宝的寺院。据《巴协》记载，桑耶寺佛殿的神像正是以大日如来为中心配置的。萨迦王朝以后，桑耶寺大部分殿堂归萨迦派管理，只有护法殿仍归宁玛派僧人管理。五世达赖以后，历任达赖喇嘛皆支持宁玛派，至今，桑耶寺仍为格鲁、萨迦、宁玛三派共管。因此，桑耶寺仍可视为宁玛派的一处根本道场，有些壁画弥漫着浓重的宁玛派气息。

据《卫藏道场胜迹志》记载：“桑耶寺周围有小庙，其中最有威灵的是马头明王洲庙。”[32]马头明王洲庙，即南面的阿雅巴律林，或称降魔真言洲，此处的马头明王像系大悲观音的化身。《巴协》提到降魔真言洲“围廊转经处按照《龙王经》绘制，护法神是二十八自在母”[33]。现存阿雅巴律林有回廊建筑，回廊二层东南西三壁皆绘有壁画，东壁题材为“夹香山”人头大鹏鸟和二十八大自在天，大自在天为印度教中的湿婆大神，为多面神，此即《巴协》所记载的“二十八自在母”。由此分析，这一壁画的题材应源自吐蕃时期，经多次修补而保存至今（图12）；南壁全为观音像，有休息观音、四臂观音、骑狮观音等；西壁自南向北为无量寿佛、马头明王坛城中的夜叉、大鹏鸟等。这些题材皆与大悲观音化身的马头明王仪轨有关，属于宁玛派经典派集、幻、心三部中的幻变部。

洛扎县拉隆寺经堂南壁东侧壁画，主像为普巴金刚，四周皆为其怒相的眷属。“普”表空性义，“巴”表智慧，普巴金刚即为空性与智慧结合成不二体性，手中所持三棱尖的利器，称为普巴杵。传说大力鬼神具三头六臂二翅，住于尸陀林中，危害三界有情。噶玛黑鲁嘎（金刚萨埵的愤怒相）为降伏此大力鬼神，化身为“普巴金刚”，与此大力鬼神同一形相，终将大力鬼神及一切魔众摧伏。宁玛派“修部八教”中，普巴金刚代表出世间五部中的橛事业。普巴法的修持，不在于降伏外在之物，而是断除一切自我之贪执，消除内心之恐惧，获得现世的胜德。壁画中的普巴金刚充满了萨满的激情、力量和想象力，是宁玛派壁画中常见的题材（图13）。

吐蕃时期佛教代表了持明密教和大瑜伽密教的精华，宁玛派“九乘三部”之说，是在吐蕃佛教基础上进一步体系化的结果。宁玛派“大圆满法”为九乘中最高阶段，又分为心、界、要门三部，皆为吐蕃时期毗卢遮那、无垢友所传译。

从义理上说，一心两门，有能缘的识和所缘的境。大圆满法不光追求声闻理解，更是一种现证，由此衍化出种种修习的仪轨。大圆满法所现证的“明空赤露”，正是瑜伽学说中“圆成实性”的另一种表述。宁玛派发展到后来，附上了无上瑜伽的内容，出现了新密旧密混杂的情况。《土观宗派源流》也指出：“依此法门，使供养甘露（供酒）、供养明母之法普遍流行。于是欢喜酒色之僧俗徒众，皆附合而随行之。连格鲁派的活佛与格西，也有一部分加入此道。风靡藏江南北，很多清净寺宇几乎全都变为有妻室的俗人僧舍。”[34]

扎囊县敏珠林祖拉康二楼尊者殿（写热拉康）内供十六罗汉泥塑像，南、西、北三壁的壁画题材为“受过别解脱和菩萨戒”的历代祖师像，其中上方一层为“长生”的化身，为趋入大乘解脱道的众上师，下方各层为趋入“别解脱戒”律仪的众上师（图14）。祖拉康第三层上师殿（喇嘛拉康）供奉污秽普贤的塑像、两座幻化静猛天众之立体坛城，四壁满绘壁画，题材为伏藏师和“大圆胜会三部”上师像。这两处壁画皆为敏珠林僧众所珍视，代表了宁玛派的历史传承。

二、噶当派寺院

1. 阿底峡的行迹和山南噶当派寺院

1042年，阿底峡尊者抵达西藏阿里，为满足古格王拉尊跋之心愿，写成《菩提道灯论》一文，对大乘理想大加赞颂，并提出“三士道次第”的修行方式。在他之前，修行者以金子求经教、传规或灌顶，零碎的经疏多

图 12　桑耶寺阿雅巴律林回廊二层东壁壁画
年代不详

图 13　拉隆寺经堂南壁东侧壁画局部
约 17 世纪

图 14　敏珠林祖拉康尊者殿南壁壁画
年代不详

如牛毛，绝大部分人终其一生，沉溺在经藉大海中未有出路。《菩提道灯论》将11世纪以前的所有三藏经典放在一个框架中，各安其位，然后撒上“悲”的食盐，唤起佛陀的道德感召之力，这正是大乘佛教的初心。阿底峡的学说融会显密两宗，对藏传佛教产生深远的影响，史称西藏后宏期“上路宏法”。

1044年，阿底峡应仲敦巴等人之请，从阿里前往卫藏；1047年又从后藏赴前藏。法尊法师编译的《阿底峡尊者传》（以下简称《尊者传》）记录了阿底峡在山南的亲履之地[35]，它们是连续几个世纪朝拜者获得见证、加持的圣地。经实地考察，现将文献中的地名与现存遗址作如下考释：

（1）觉沃锦普修行洞

据《尊者传》：“至钦如时，有一新妇，见已起信，尽摘首饰供养，回家时，家人起诤，新妇投河而死。尊者行容时，闻知其事，叹曰：我女可悲也？遂住五夜，为彼女故，建净恶趣曼陀罗印塔甚多，曰我女心已满足矣！”贡嘎县甲竹林镇塔巴林村觉沃锦普修行洞，传说阿底峡为超度一位施主在此修行，“觉沃”即指阿底峡，20世纪90年代由那若达布扎仓出资维修。

（2）朵阿林寺

据《尊者传》：“次至朵地，住于北岗，尊者曰：此处出一具希有妙相之菩萨。”朵阿林寺位于桑耶镇乃卡村一个河谷的北部，为宗喀巴弟子所建，其地可能与“北岗”相关。

（3）贡嘎曲德寺

1464年，吐敦·贡嘎南杰创建贡嘎曲德寺，据《贡嘎寺志》记载，尊者阿底峡来此云游时，曾到过该寺的所在地，并预言此地将会有一座大寺庙。

（4）多比曲科寺

贡嘎县多比曲科寺是扎巴恩协（1012～1090年）最早创建的寺庙，“多比”为“第一块石头”之意，相传阿底峡到过此地，寺庙后改宗噶当派。

（5）桑耶寺

据《尊者传》：“次赴迦曲，应枯（枯敦）我（善慧译师的姓）二人之请，讲中观六论。”迦曲指桑耶寺内殿名。鲁梅集团的僧徒曾占据桑耶的旧殿，其中，“鲁梅据桑耶噶曲寺”[36]，推测为现阿雅巴律林西侧的“扎觉加嘎林”，即“南赡部洲中殿天竺译经洲”，此殿原为翻译显教三藏和密乘四续等经典的译经院[37]。

据《巴协》记载，桑耶寺成立自己的僧团后，就开始了译经事业，将印度所有经部与总持（陀罗尼）皆无遗漏地全部译为藏文。《尊者传》还提到：“至赤松德赞王，延请静命菩萨、莲花生大师等大善巧者一百余人，广译显密经论，度众出家，建立桑耶等诸大寺院，所有梵本尽存桑耶。后尊者至藏阅时，称赞宏教之盛，实为印度所希有。”“（尊者）住桑耶寺，开一存库藏，参阅梵本，前未见闻者甚富，曰此定系大师自天龙等处请来者也（意为非人间所有）。”阿底峡在此阅梵文经论，“并抄明显中观论、华严经等寄回印度”。乌孜大殿三层有神变佛殿，四周为带立柱的回廊，据《尊者传》：“尊者于上层殿绕行，有一老尼见尊者行于虚空。”

（6）青朴

《尊者传》中“次往钦朴”，即桑耶寺东北15里的青朴修行地。

（7）唐波切寺

《尊者传》：“次尊者赴雅珑，住塘摩伽。”唐波切寺始建于1017年，创建人珠梅·楚臣炯乃为鲁梅的主要弟子之一，鲁梅主持一段时间后，将其交给枯敦·尊追雍仲（1011～1075年）主持。后来，阿底峡在耶巴神山向枯敦传授过《噶当经卷》，意味着枯敦从最初的鲁梅派转向了噶当派。唐波切寺内的觉杰生波殿是枯敦专门为阿底峡修建，“觉杰”是指阿底峡，“生波”是指殿，阿底峡“在一租建房屋中住过一月”[38]，殿内现供有一条木扁担，传说是当年迎请尊者时用过的实物。

（8）吉如拉康

《尊者传》：“时枯敦住拉顶（寺名），对尊者未能很好的供奉承事。因此，尊者主仆诸人逃出而上了闻之渡口，船行河中三分之一时，枯敦追踪赶来，大声请求尊者返驾，尊者未回，但以自戴僧帽掷去，赐作加持之物。”《青史》作“梁波的渡船”[39]，渡口在今乃东县北部闻河河谷。是夜，“尊者住闻地”“于是主仆等在温村格汝寺住了一月，在彼寺中绘了一尊佛像，至今人众还在恭敬供养。”（《尊者传》）乃东县吉如拉康创建于赤德祖赞（704～755年）时期，相传嘎登曲工拉康是阿底峡借住过的地方，后来，仲敦巴对此有过扩建。现在该殿绘有壁画，正中为阿底峡，两侧分别为仲敦巴和俄·勒贝喜饶，为20世纪80年代新绘，传说原来有模糊的肖像，信徒们相信它们是大师血气凝结，是朝拜者心中的圣迹。

（9）吉瓦布巴寺

《尊者传》：“次有榜敦，以马二百匹，迎尊者赴拉萨。次至贾皮（寺名）住半月。”《青史》中作“色村嘉丕”[40]，贡嘎县昌果乡昌果村吉瓦布巴寺有阿底峡修行洞，还有两座早期佛塔，应指此处。

约在1049年，阿底峡来到聂塘（今拉萨市曲水县卓玛拉康），作为稳定的驻锡之地。1054年，阿底峡在聂塘圆寂。1056年初，仲敦巴带着阿底峡的遗骨到了热振，同年修建了热振寺，此年为噶当派创建之年，热振寺成为噶当派的主寺。阿底峡是噶当派的奠基人，“噶”指佛语，“当”指教授，噶当派意指用佛的教诲来指导凡人接受佛教道理。

西藏的般若（以《现观庄严论》及注疏为主）、中观（以《入中论》及其注疏为主）、因明（以《量释论》为主）、《俱舍论》这一传统，是噶当派及后来格鲁派的基础。噶当派的六大教典是：《菩萨地论》、《大乘庄严经论》、《集菩萨学论》、《入菩萨行论》、《本生鬘论》和《集法句论》。它们都是有实修经验的师长总结出来的，比翻译过来的佛教经论更切实有用。噶当派同样认为密高于显，如果没有密宗，则不成为全盘佛教的修持。噶当派所传的密法，即教典、教授、要门三个支派中的要门派，通达四部怛特罗，尤其以第三部即瑜伽部的《真实摄经》为主。最心要的“十六明点”修习为显密双融的法门。“从律仪起至金刚乘之间，能在一座之上便能通达所修，所见愈深而所行亦愈能谨严。其本尊有四，释迦佛、观世音菩萨、度母、不动明王”[41]。

噶当派除了对少数“利根”之人，并不广传密法。萨迦派、噶举派人士多是俗人，专尚无上瑜伽。对比之下，噶当派的纯净品格就显示出来了。

从 11 ～ 12 世纪，噶当派得到一些地方势力的支持，获得较大的发展。15 世纪，宗喀巴以噶当派的教义为基础，新创格鲁派，噶当派寺院全部改宗格鲁派，不再单独存在。

乃东县玉意拉康，为藏王赤松德赞为其母昂楚绛曲所修建，后宏初期鲁梅弟子博穹・楚臣炯乃曾住此寺，宏伟戒律。后来，噶当派僧人玛巴・普巴瓦驻锡此寺，传承噶当要门派法统。桑日县增期寺由喇钦・贡巴绕色的弟子噶米・云丹雍仲于公元 10 世纪修建；乃东县扎西曲登寺为噶当派僧人雄奴洛追于 1259 年修建；曲松县东嘎曲德寺为噶当派喇嘛东嘎活佛怒端西若扎巴修建；皆为噶当派古寺。

山南南部的隆子河流域，古称“涅”，为吐蕃早期十二小邦之一，曾建有镇边神殿。后宏期早期，涅地成为噶当派的一个传教中心。

博多哇（1031 ～ 1105 年）为仲敦巴的三大弟子之一，常讲噶当七论，注重经典和戒律，为噶当教典派的创始人，博多哇的弟子涅・扎果瓦创建了隆子县的扎果寺。

京俄巴（1038 ～ 1103 年）是噶当教授派的创始人，他的弟子甲域哇钦波（1075 ～ 1138 年）于 1113 年受邀到涅地，修建了现在的隆子县加玉寺，并长住于此，他擅长密法二次第（生起、圆满），僧徒有两千之众，岗波巴达波拉杰曾向他学法[42]。

隆子县其他噶当派古寺还包括：直吉来寺，夏热瓦（1070 ～ 1141 年）创建；觉白嘎尔寺，博多哇的弟子索朗仁钦创建；丢热寺，建于 12 世纪；日当寺，坎哲・日乌坚赞活佛和弟子创建；仲嘎曲德寺，初为苯教寺庙，后改宗噶当派；尚钦寺，14 世纪前后由土王曲杰甲巴建；此外，新发现的果拉康也可能为噶当派古寺。

洛扎县卓瓦寺为洛扎大成就者南喀坚赞（1326 ～ 1402 年）的驻锡地，南喀坚赞先世为宁玛派，并听受噶当派的教法，把噶当教授融入宁玛教法之内，自成一家。他和宗喀巴很投缘，故得“卓瓦”之名[43]。

鲁梅系下路宏法所学、所授都是毗奈耶法（戒律），属于大乘显教的范畴，这些寺院也被视为噶当派的古寺。

“扎囊十三贤”之一的扎巴恩协（1012 ～ 1090 年）是一位从鲁梅派转向噶当派的僧人，他在山南腹心地区创建了多座寺院，如贡嘎县多比曲科寺、扎囊县扎塘寺、琼结县坚耶寺等。

喀且班钦・释迦室利（1127 ～ 1225 年）出生在今印控克什米尔，10 岁精通五明，23 岁出家为僧，他遍游印度东部，成为那烂陀寺的最后一任寺主。1204 年，年近 80 岁高龄的释迦室利被绰普洛泽瓦译师迎请到西藏，在西藏传教弘法，培养了不少佛教人才。《青史》详细记录了迎请过程和释迦室利在西藏的活动，他在山南也留下了亲履之迹[44]。

扎囊县强巴林寺，原称“古蚌通卓钦摩”，“古蚌”即佛塔，“通卓钦摩”意为若见此塔即可解脱，相传此塔为释迦室利所建[45]。1267 ～ 1327 年间，印度高僧堪庆达洛哈达在此基础上建寺。1472 年，“扎囊十三贤”之一的班钦・强巴林（1400 ～ 1475 年）对此进行扩建。贡嘎县森布日寺为释迦室利随行九位弟子之一的毗补迪班智达的驻锡地。

释迦室利从印度带来的“说一切有部”戒律，在西藏有四个传承系统，分别为乃东的则措巴、扎其多葱堆措巴、扎囊的结林措巴、藏绒的却隆措巴等四个措巴[46]。乃东县则错巴寺为大司徒绛曲坚赞修建，建筑已成废墟。《青史》有该寺的传承[47]。扎囊县葱堆措巴寺由释迦室利创建，初奉噶当派，后改宗萨迦派，寺庙尚存。扎囊县结林措巴寺由释迦室利的弟子妥乍哇・强久贝于 1224 年创建，寺庙尚存，现存部分壁画有明显的印度风格。藏绒的却隆错巴寺，“藏”指后藏，“绒”指绒曲河，却隆寺位于仁布县切娃乡奴达村的雅江北岸，1225 年由释迦室利弟子乌则索南创建，20 世纪 60 年代拆毁，废墟尚存。从释迦室利所传经典看，具有显密兼备、以显教为重的特点[48]，与噶当派教义有着密切的关系，因此，这些寺庙有时也被归为噶当派寺庙。

2. 壁画举例

壁画创作的心源，是僧人在修行过程中呈现的佛境。噶当派寺庙的壁画，大多以大乘显教的题材为主，这与噶当派重视大乘经典有直接的关系。

据《阿底峡尊者传》记载，阿底峡在聂塘时，有一天看到了文殊及慈氏在虚空中谈论大乘法义，有金刚手防护魔难。尊者仰面虚空，口呼“弥勒！弥勒！”此后，阿底峡根据这个情景，制定了构图和色彩，请东印度画师绘成图像，存放在聂塘。又据《青史》记载，噶当派高僧拉卓微衮波（1186 ～ 1259 年）“在季布驻锡时间中，一见十六尊者现身来到。因此，发展出许多十六尊者围绕卓尾贡波的画像”[49]，这也被认为是西藏十六尊者画像的起源。

扎囊县扎塘寺为扎巴恩协于 1081 年创建。据《青史》记载：“格西扎巴逝世后，由著名的扎塘・却焦邓顶巴（法护）住持扎塘寺。……邓顶巴梦游兜率天宫，谒见弥勒，以手中所持花束向弥勒身上投供时，花束变成一殊胜花屋笼罩于弥勒顶上。弥勒说道‘汝到人间，若不将行菩提心广传于一切尊卑人等，是违我教！’所以后来行菩提心教授也极为广泛地传授”[50]。行菩提心教授是噶当派的核心，从这条文献分析，扎塘寺佛殿壁画可能制作于邓顶巴主持时期，题材正是文献中提到的弥勒佛所在的兜率天宫（图 15）。

桑耶寺桑结林，即北面发菩提心洲殿，是一个方形佛殿，四壁壁画为上下三排造像，上排为释迦牟尼跏趺座像，下二排皆为佛母站立像（下方可能被后期的台座遮住），不见各教派上师像。佛母饰大耳环，交领长裙，形象俊美，姿态各异，头上的“高桶”发髻与吐蕃时期敦煌壁画中的赞普缠头相似。在东印度 10 世纪以后的印度教造像中，也多这类帽冠。壁画稠密无空隙，风格与扎塘寺佛殿近似，可能绘制于 10 世纪鲁梅・楚臣喜饶等人主持桑耶寺期间，局部为后期补绘（图 16）。

据《放光般若经〈问相品第五十〉》（大正藏 8・0221）：“是故般若波罗蜜者，是诸佛之母，为世间之大明导。”在此，般若被喻为佛母。《大方便佛报恩经〈卷六〉》（大正藏 3・0156）：“佛以法为师。佛从法生。法是佛母。”喻“法”为佛母，这正是大乘经典所表达的宗旨，西藏“般若波罗蜜多”法统，一部分正是鲁梅僧团从康区转移而来，与噶当派的旨趣是吻合的。

洛扎县提吉寺始建于吐蕃时期，原为宁玛派寺庙，洛扎大成就者恰多瓦・南喀坚赞曾驻锡此寺，一度改宗噶当派。现佛殿中安置有南喀坚赞的灵塔，佛殿壁画以释迦牟尼为主像，周围为菩萨、罗汉、弟子及供养人，造像硕大，风格浑厚，人像之间无装饰图案，风格与扎塘寺佛殿相近，年代应为改宗噶当派时期，不晚于 14 世纪（图 17）。

图 15　扎塘寺佛殿西壁壁画
12 世纪初

隆子县仲嘎曲德寺原为吐蕃时期的苯教寺庙，11～13 世纪改宗噶当派，祖不拉康东北角的强康西壁，残存面积约 4 平方米的早期壁画（建筑格局改变之前，应属内部转经廊的内壁），题材为佛传故事中的“夜半逾城”，红色为底，采用细线勾勒人物，中心为一骑马人，四人高擎马腿，前有牵马侍从，年代当为 11～13 世纪[51]（图 18）。

隆子县日当寺始建于吐蕃时期，最初信奉苯教，后宏期坎哲・日乌坚赞活佛和他的弟子将该寺改建为噶当派寺庙，15 世纪又改宗为格鲁派。杜康大殿残存部分壁画，东壁北侧南端主像为释迦牟尼及二弟子像，四周以

图 16　桑耶寺桑结林北壁壁画
约 10 世纪绘制，后期重绘

图 17　提吉寺佛殿东壁壁画
约 14 世纪

方格状构图，为佛及上师小像。东壁北侧北端为强巴佛，相邻的北壁东端为燃灯佛，共同构成三世佛的布局（图 19）。从题材和绘画风格分析，年代约在 14 世纪，为山南噶当派壁画的珍贵资料。

三、噶举派寺院

1. 历史沿革

噶举派创始人玛尔巴（1012～1097 年），本名却吉洛追，出生于洛扎曲吉普（现洛扎县色乡）。其时，后藏有卓弥译师传授《道果法》，由于供养的要价太高，玛尔巴决定自己闯荡出一条新路，他以医术作为筹集金子的方法，学习梵文去印度、尼泊尔求法。当时印度正盛行无上瑜伽密宗，玛尔巴三赴印度，师事那若巴及其弟子麦哲巴、再传弟子阿底峡，受喜金刚灌顶，精习密集、喜金刚诸法，传习《二品续》，尤于空智解脱合一之大手印法洞达奥蕴，真实生起一切事物融为一味的大证悟。一方面，他是种田修碉、与乡人争斗、占有妇女的俗人，另一方面，他又是翻译经典、通达空性如流水不断的瑜伽士（图 20）。

玛尔巴 29 岁第一次从印度返回，遵从上师那若巴授记，在家乡建立了第一座寺庙卓窝龙寺，寺庙脚下有一块“顺缘田”，是玛尔巴和弟子米拉日巴第一次见面的地方，附近有一个山洞，叫达聂隆丹浦，是米拉日巴最初的修道处[52]。约在 1078～1084 年间，玛尔巴命米拉日巴修筑色喀古托寺，

图 18　仲嘎曲德寺祖不拉康强康西壁壁画
约 11 ～ 13 世纪

包括现在的碉楼及楼下的噶哇久尼殿，成为噶举派的主寺。

噶举派重视大手印传承，它不是声闻乘或本体论经典的闻解，而是修行实践者留下的接引方式和经验，是“觅心”“证验”的具体方法。噶举派承认有显密两种大手印。“显教的《大手印》，是就心体之上，专一而住，修无分别，令成住分。如是修习安住所缘之心，明明了了，即应寻觅此心，为在身内，或在身外，或在中间，遍处寻觅，心之体性，了不可得，尔时

图 19　日当寺杜康大殿东壁北侧壁画
约 14 世纪

决定此心无实，用此无实，在已成特殊的心体之上，专一而住，他们承认在非遮（性空）之理中修习性空”“关于密教的《大手印》，是指风息入住，融于中脉后所生的大乐光明……是一切无上瑜伽续部中的精要之法。”[53]

早期噶举派都是师徒传承，寺庙规模很小。达波拉杰（1079～1153年）是米拉日巴的上首弟子，他受噶当派《道次第》的影响，以米拉日巴“大手印见堡”（堡，意为碉堡、基础），参考《究竟一乘宝性论》的如来藏思想，将噶当派次第教授与大手印传承融合为一，造《道次第解脱庄严论》，把顿悟顿修的法门变成渐悟渐修的法门，随顺机宜而施法，开创了显密圆融的大手印教授。1121年，达波拉杰在达拉岗布山（现加查县境内）创建了著名的达拉岗布寺，成为达波噶举派的根本道场。达波拉杰培养了四位著名的弟子，由于各自的风规不同，形成相对独立的达波噶举四大支系，分别为噶玛噶举、帕竹噶举、拔绒噶举和蔡巴噶举，又从帕竹噶举发展出八个小分支，形成了所谓“四大八小”的众多派别。在《青史》的描述中，该派开宗立派的僧人，除了自身的宗教修为和独到心得，往往带有独特的传奇色彩，立名江湖后，跟随弟子数百、数千、甚至上万。至此，噶举派成为名副其实的一大宗派。正如《土观宗派源流》的颂诗所言：“遍满雪域山泽中，众多白衣鸟群飞，几误为灵鹫满虚空，穿着黄色袈裟群，遍地有如黄丹染。”[54]

山南市为噶举派的腹心地带，留下了许多噶举派的早期寺庙，如：桑日县德庆桑林寺，始建于11世纪末；贡嘎县白新寺，1100年由玛尔巴四大弟子之一的翱敦·却古多吉（1036～1102年）创建；乃东县热炯寺，米拉日巴的亲传弟子热炯·多吉扎巴（1083～1161年）创建；隆子县懂蔡寺，由达波拉杰的弟子益西多吉于12世纪创建。

噶玛嘎举派创始人为都松钦巴（1110～1193年），“都松”意为“三世”，“钦巴”意为“知者”，意指能知过去、现在、将来三时。他擅长噶举派的拙火定和大手印，以西康噶玛寺和拉萨楚布寺为主寺。在山南，洛扎县拉隆寺、乃东县嘎玛拉康、浪卡子县嘎玛曲果寺、贡嘎县仓巴觉拉康，皆传为都松钦巴创建。曲松县朗真寺、贡嘎县苏若林寺，由噶玛噶举派第四辈活佛乳比多吉（1340～1383年）创建。扎囊县阿札寺创建于13世纪，由拉萨楚布寺管理；洛扎县扎西根培寺由噶举派红帽系第四世活佛桑却札耶歇（1453～1524年）于1479年创建；其他噶玛噶举派寺庙还有：隆子县白衮寺、隆子县下木达拉康、浪卡子县白顶寺、乃东县甘丹曲果林寺等。

帕竹噶举派创始人帕木竹巴·多吉杰布（1110～1170年），19岁拜达波拉杰之门，得“俱生和合大手印”教授，继承了达波拉杰的思想和修法。

图20　桑耶寺乌孜大殿内侧围廊二层壁画
玛尔巴肖像，19世纪初期

1158年，他在现桑日县桑日镇日岗村北的山坡上建“夹积”小寺，后来扩展为丹萨替寺，从者众多，成为帕竹噶举派的主寺，由此分出八个分支，各自弘化一方。

乃东县亚桑寺由帕木竹巴再传弟子曲吉缅朗（1169～1233年）于1206年创建，成为亚桑噶举派的主寺，也是元朝十三万户中亚桑万户的驻地。加查县林拉康由帕木竹巴的弟子林热白玛多吉（1128～1188年）于1180年创建。加查县白顶寺由帕木竹巴弟子、直贡噶举派创始人仁钦贝（1143～1217年）创建。

在山南，最为普遍的当属帕竹噶举派的分支主巴噶举派。该派创始人是藏巴嘉热·益西多吉（1161～1211年），他早年在藏绒地方学习拙火定，后遇到林热巴，得到他的全部密法口诀，创建了热隆寺，成为中主巴噶举派主寺。在山南，相传由藏巴嘉热创建的寺庙还有：隆子县吉布拉康、加查县珠龙拉康、加查县加卡扎寺、浪卡子县翁果拉康等。

藏巴嘉热曾以隆子县扎日神山作为胜乐金刚道场，见胜乐轮及一切护法等相，证得无量甚深法义，他首创了“扎日神山巡礼”习俗，此后，以扎日神山为中心的一大批主巴噶举派寺庙陆续兴建。

浪卡子县退拉康为中主巴第二辈活佛甲央贡嘎边单创建。

错那县扎西通麦寺为中主巴第三辈活佛曲吉扎巴于1489年创建。

中主巴第四辈活佛白玛嘎布（1527～1592年）创建的寺庙包括：贡嘎县协竹林寺、隆子县几甲帕姆拉康、达孜寺、亚古寺、三安曲林寺等。其中，三安曲林寺又下辖七座小寺，包括今隆子县准巴乡的直囊古如扎拉康和加玉乡的协噶尔曲丹寺、桑丹曲林寺、基莫贡巴寺、多吉林寺、达曲康寺、莫噶寺等。其他主巴噶举派寺庙还有：隆子县达觉康、隆子县直吾来寺、浪卡子县曲宗拉康、扎囊县顶布钦寺、贡嘎县德庆曲果林寺等。

其他噶举派寺庙还有：乃东县强久顶拉康，由加沃益西多吉于1206年创建；措美县卓德寺，由结旺·托吉班觉于1139年创建；曲松县堆随曲德寺，13世纪由强思·本吉布瓦修建；贡嘎县扎托寺，由索朗桑布创建，创建年代不详；浪卡子县色加寺，由西绕白桑布活佛于19世纪创建。

2. 壁画举例

噶举派庞大复杂，对于噶举派壁画的特点，尚不能做全面的概括，在此，仅就一些噶举派寺院在壁画题材上的特点，举例说明。

（1）色喀古托寺壁画

色喀古托寺碉楼为米拉日巴于1077～1084年间修建。碉楼第三层主殿南壁为噶举派五大始祖，自东向西依次为持金刚、德洛巴、玛尔巴、那若巴、米拉日巴。西壁五尊大像为五部佛。主殿东侧称喜金刚坛城殿，相传为玛尔巴修行处，西壁门楣上为护法神“德缩玛”，门两侧皆为密集金刚、胜乐金刚（图21）；北壁三尊皆为密集金刚；东壁为胜乐金刚和密集金刚。相传部分壁画为玛尔巴亲自绘制，为寺内年代最早的壁画（可能经过后来的修补）。“玛尔巴认为，密集金刚大法是开悟法要的钥匙，胜乐母续法是修行的捷径之门，修炼这些法不仅能消除欲望烦恼，净治身语意三业，而且能够开发智慧，证悟诸法性空”[55]，这正与壁画的题材吻合。

16世纪上半叶，保沃·祖拉陈瓦对色喀古托寺进行了大规模维修扩建，新建了杜康大殿。杜康大殿大经堂壁画包括宗派的修行次第和出自佛传和《文殊传》的故事，构图以大尊造像为中心，四周围绕的小像以棋格状分布，不见大块的背景装饰，故事人物姿态各异，构图疏密得当，细节丰富，极富表现力（图22）。

杜康大殿二层西北侧为喜珠拉康（密宗殿），四壁皆为密宗本尊像，相传是玛尔巴十三尊本尊的坛城。南壁西侧，主像为金刚手、文殊，四周为其眷属（图23）；西壁主像为胜乐金刚，四周为其眷属。北壁主像为胜乐金刚，四周为其眷属。东壁主像为喜金刚，四周为其眷属。南壁东侧，自东向西依次为密集金刚、大威德金刚。密匝匝的眷属是噶举派缜密教义的写照，沉醉于证悟的灵魂呼之欲出。构图以棋格状排列，造像之间皆以色彩平涂，无装饰图案。菩萨呈现袒露的、三道弯式的优美体态，身饰各种珠宝璎珞，为典型的南亚壁画风格，年代应为16世纪上半叶。

（2）拉隆寺喜珠拉康石刻像

洛扎县拉隆寺初为吐蕃时期的镇边神殿，1154年，噶玛嘎举派创始人都松钦巴主持扩建此寺，成为著名的噶玛噶举派黑帽系道场。据史料记载，1193年，都松钦巴临终时口嘱他将转世，后人遵循大师遗言寻找并认定转世灵童，这样，都松钦巴（1110～1193年）、噶玛拔希（1204～1283年）、攘迥多吉（1284～1339年）之间的“再生”关系得到连续，开创了藏传佛教活佛转世之先河[56]。

大乘佛教本有“轮回”“化身”的观念，这也是唯识学说中“识转”概念所蕴含的重大秘密，而现实中的“转世”习俗，是由噶玛噶举派衍化出来的。

图21　色喀古托寺碉楼第三层侧殿西壁南侧壁画
约11世纪

图 22　色喀古托杜康大殿大经堂西壁壁画
16 世纪上半叶

图 23　色喀古托杜康人殿喜珠拉康南壁西侧壁画
16 世纪上半叶

图 24　拉隆寺喜珠拉康西壁石刻像
18 世纪

图 25　拉隆寺喜珠拉康东壁石刻像局部
18 世纪

拉隆寺喜珠拉康是 18 世纪不丹国王出资修建的，为不丹云游僧及商人的朝圣之处。喜，意指静相神；珠，意指怒相神。该殿两个墙壁上镶嵌着 100 尊静相和怒相神的涂彩石刻像，西壁主像为普贤，上方是白玛林巴，四周为 42 尊静相神祇（图 24）。东壁正中为一神龛，为无上瑜珈双身像，四周为 58 尊怒相神祇，其间还有天葬台、山洞修行者等题材（图 25）。

“喜珠”题材与噶举派“中阴”仪轨有着莫大的关联，这些神祇既会出现在修行者的五智亮光中，也会在人的“中阴”阶段遇见。按通俗的描述：“在法性中阴之中，你以光之身显现，称为‘明点’。《中阴闻教得度》一书中所描述的‘四十二位喜乐部和五十八位忿怒部圣尊’将出现于明点中。非常微细的光束会从你自己和诸圣尊散发出来，将你的心和他们的心接在一起。无数的光球出现在它们的光线之中，慢慢增加，而后‘卷起来’，一切圣尊溶入你当中。接着是诸佛的清净佛土，其下则是生死轮回的六道。”[57]

现代心理学认为，人的意识有某种态度，无意识就会自动生成一个与之相补偿的梦境，不断呈现出来。心理师的析梦，是让人直面自己的梦，将它变成感受，唤起自身对于“往昔”的回忆，从而释放深层情绪，达到疗愈心理伤害、感情障碍的效果。唯物论者承认血缘的遗传性，但不承认

图 26　扎西通麦寺经堂南壁西侧壁画
约 16 世纪初

“灵魂”的独立性。佛教则紧紧抓住“梦境”这一点，作为“灵魂”出离（“转生”）的桥梁。对于普通人来说，中阴只是轮回的通道，但对于一个修行者，则是成佛、并进入极乐世界的途径。因此，日常的修炼变成了反复的预演，修行者娴熟这个法门，在修炼中示现“喜珠”诸圣尊，并让这种经验稳定下来，让它对梦境施加影响，在决定性的关头，使自己融入诸圣的世界，获得解脱。不然，他的视线将又会被拉回到六道轮回之中。噶举派的许多经典，都是围绕这一核心而展开的现证手段。拉隆寺喜珠拉康的这类“喜珠”题材，在许多噶举派寺院的石刻或壁画中极为普遍。

（3）扎西通麦寺壁画

错那县扎西通麦寺始建于 1489 年，创寺人为第三代主巴噶举派活佛曲吉扎巴，由第四代活佛白玛噶布完成。

经堂壁画以三世佛、八大药师佛、五部佛为主像，佛像之间为佛传及佛本生故事、十六罗汉、噶举派上师小像等，显示了从大乘显教到大瑜伽密教的修行次第（图 26）。

天井壁画题材为长寿佛、十六罗汉及主巴噶举派上师，从那若巴、玛尔巴、主巴仁布钦到建寺者白玛噶布，显示了宗派的传承。

三层密宗殿四壁绘有本尊像，南壁东端为“桑吉土巴”，西端为愤怒金刚。西壁南侧为大威德金刚，北侧为密集金刚（？）。北壁自西向东依次为密集金刚、时轮金刚、喜金刚、密集金刚（图 27）。东壁北侧为玛哈玛雅（忿怒文殊？），南侧为橛金刚（图 28）。这些无上瑜伽本尊像秉承了噶举派的密宗修行传统，但与早期的图像相比，本尊周围平涂的色块代替了早期密集的眷属、部众，图像简化，流于程式，失去了真实修行过程中的细节，意味着缜密修炼的废弛、深修实证宗风的式微。

扎西通麦寺壁画线条规整，画面疏朗，以深蓝为底色，佛身多用金色，袈裟用红色，色彩明艳，背景为青绿山水，具有较高的艺术水平。大部分皆为 16 世纪初建寺时绘制，局部可能为后期增补。

（4）直囊噶如拉康壁画

隆子县准巴乡直囊噶如拉康为第四世主巴噶举活佛白玛嘎布创建，寺庙位于山路崎岖、人迹罕至的边境，地处云雾缭绕的山巅，山川形势构成了噶举派所崇尚的密宗胜地的殊胜意境。寺庙为一座二层藏式建筑，围绕二层佛殿有一条转经回廊，回廊两侧保存了 16 世纪建寺时期的珍贵壁画。其中西廊道内侧的壁画保存较好，南侧主像为一佛二菩萨，佛陀背光采用

图 27　扎西通麦寺密宗殿北壁东侧壁画
约 16 世纪初

图 28　扎西通麦寺密宗殿东壁南侧壁画
约 16 世纪初

云纹图案，二菩萨赤露上身，仅披帛带，背光四周为乘云的伎乐和眷众；中部主像为十一面千手观音，四周为方格状分布的上师小像；北端为一尊作蹦跌座的神像（图 29）。回廊其他部分壁画已经非常模糊，题材包括：持金刚、释迦牟尼、四臂观音、护法神、由《大日经》发展出来的胎藏界曼陀罗图案、密集金刚本尊像及周围方形构图的眷众、上师小像等。壁画以红色为主调，色彩明艳，风格独特，人物形象和构图方面深受尼泊尔绘画风格的影响，反映了主巴噶举派的宗趣和绘画风格。

四、萨迦派寺院

1. 历史沿革

萨迦派创建者昆·贡却杰布（1034 ～ 1102 年）是一位博通显密之人，他依卓弥·释迦耶协学习道果法和新译的密咒，又依止桂·枯巴拉孜译师（天救）、迦什弥罗杭都迦布论师、玛拉·仁钦乔译师（宝胜）、瞻巴译师等大德甚多。1073 年，他在后藏仲曲河北岸的奔波日山观察地形，在白土中部的侧面建立寺院（即萨迦北寺的前身），得名萨迦寺（意为白土）[58]。

萨迦派按昆氏家族世代相传的方式传承，至 13 世纪中期，发展成具有强大政治势力的教派。著名的“萨迦五祖”指：初祖贡噶宁波（1102?～1158年）、二祖索南孜摩（1142～1182 年）、三祖扎巴坚赞（1147～1216 年）、四祖贡噶坚赞（1182～1251 年）、五祖八思巴（1235～1280 年）。1244 年，萨班贡噶坚赞应蒙古皇子阔端邀请赴凉州会谈，为元朝统一西藏作出了重要贡献。此后，八思巴被元世祖忽必烈封为国师、帝师、领总制院事，管理西藏地方政教事务。1267 年，西藏建立了萨迦派政教合一地方政权，统治西藏近一个世纪，至 1351 年，萨迦派政权才被帕竹政权所取代。

萨迦派在政治上失势之后，有一部分人恢复了他们的宗教生活，14 世纪后期，萨迦派出现了几个支派。“吉祥萨迦派的住持正教大德中，住持显教的为雅绒（雅楚桑结贝和绒敦马威僧格）二人，住持密咒的为俄宗（俄尔巴·贡噶桑布和宗巴·贡噶南杰）二人。”[59] 也有人认为显教代表人物是雅楚桑结贝、仁达瓦·熏奴罗追二人。

萨迦派在密教方面的三个支派是翱尔支派、贡噶支派、擦尔支派，这三个支派都是从八思巴的侄孙喇嘛丹巴·索南坚赞（1312～1375 年）传承下来的。喇嘛丹巴是萨迦法王达尼钦布之子，是萨迦四大喇章之一的仁钦岗喇章的座主。元顺帝多次诏迎未往，平生以宏法为事，还做过帕木竹巴大司徒绛曲坚赞之师。1354 年，喇嘛丹巴来到桑耶寺，修整寺院，还撰写了著名的《西藏王统记》。乃东县桑丹林寺是由喇嘛丹巴创建的，从此，萨迦道果法耳传派又开出桑丹林派的一个系统，喇嘛丹巴为第一代[60]。

图 29　直囊噶如拉康二层西廊道内侧壁画
16 世纪中期

此外，乃东县哲布林寺也是由喇嘛丹巴所创建。喇嘛丹巴的三传弟子吐敦·贡嘎南杰（1432～1496 年）创建的贡嘎曲德寺，为山南地区传播萨迦派密法的重要道场。

萨迦派兴盛后，山南的许多重要寺院都改宗为萨迦派，这些寺院包括：扎囊县桑耶寺、扎囊县扎塘寺、扎囊县葱堆措巴寺、浪卡子县打隆寺、贡嘎县多比曲科寺等。新修的萨迦派寺庙包括：贡嘎县贡嘎曲德寺，1464 年吐敦·贡嘎南杰建；贡嘎县坚热色拉康，原属贡嘎曲德寺；贡嘎县坚热色拉康，原属贡嘎曲德寺；贡嘎县土旦热麦寺，15 世纪绒敦弟子丹巴饶赛建；贡嘎县那若达布扎仓，达布·朗杰扎西建，年代不详；贡嘎县日多寺，14 世纪末夏加曲旦、夏加桑布师徒建；错那县兴玛寺，1436 年崔真强久建；浪卡子县珠德寺，贡嘎洛追（1299～1327 年）建；浪卡子县桑热敏觉寺，项顿曲杰建，年代不详。

2. 壁画举例

萨迦派根据众生的根器，极重修行的次第，道果法是萨迦教法的核心。道果法首先从小乘的出离、大乘的中观唯识开始，然后导入密乘的轮回涅槃无别见；在修持上，先修显教的修心和止观法门，然后以《喜金刚续第二品》为宗旨，修习密法的生圆二次第。

萨迦派在显教方面注重经论的翻译及辩经，通过显教见地，通达“中观”之“性空”义，一切诸法唯心、唯幻、唯无自性，最终都是一个“空”字，按胜义一步一步达到轮回涅槃无别见，自然生起“明空双运”，甚至连成佛的念头都没有了。有了这样的基础，在密宗修习过程中“纵有述现，然猛力忆念正见，亦可涣然冰释”[61]，密宗是内心实相的亲证，不仅仅是闻解，还能生起真实的觉验，直指本元俱生智。因此，只有通过密宗修炼，才能彻底“拔出策励妄想流注之诸毒”，即显宗修炼中的那些人为作意的弊病。从境、识这类显教概念转化成类似“观想喜金刚的一目、二目”这样的具象记忆，这便是由显转密的契机，“对此不但闻解，若能真实生起觉验时，则所现皆能转成生死涅槃不二之妙用”[62]。

扎囊县葱堆措巴寺由喀且班钦·释迦室利（1127～1225 年）于 13 世纪初创建，不久改奉萨迦派，现经堂东南西三壁保存有壁画，东壁壁画可分为三组，自北向南，第一组为建寺者喀且班钦·释迦室利及眷众，第二组为萨迦五祖之一的萨钦贡嘎宁波及眷众，第三组为绿度母、白伞盖、护法神。南壁西侧自东向西为骑马护法、大黑天、六臂大黑天。西壁自南向北依次为未来佛（？）、持金刚（左上角为大日如来）、红面狱卒（上方为持金刚）、金刚橛、空行母、胜乐金刚、喜金刚、萨迦派上师（？）(图30)。北壁壁画已经不存，据说原来为无量寿佛。经堂天井北壁中心是持金

图 30　葱堆措巴寺经堂南壁西侧壁画
19 世纪重绘

刚，两侧为印度成就者和西藏宗派上师。从上述壁画题材分析，喜金刚是萨迦“道果法”最主要的本尊，经堂壁画中喜金刚等无上瑜伽本尊和大量萨迦派上师图、天井的持金刚主像，都反映了纯正的萨迦派修持作风。这部分壁画应绘制于萨迦派时期，19 世纪依旧迹重绘。

浪卡子县打隆寺始建于蒙古阔端（？～1251 年）时期，达仓译师希绕仁青坚赞（1405～1477 年）进行了维修扩建，并改宗为萨迦派，成为萨迦寺的属寺[63]。原大经堂经过后期的分割，仍保存了部分原有的壁画，题材包括宝帐护法、绿度母、白度母、骑狮观音、龙自在王、三十五佛、药师佛、释迦牟尼、佛传故事、西藏各派上师、萨迦派上师像等，分映了从显到密的修行次第。构图以大尊造像为中心，四周众多的小像以棋格状分布，小而稠密，为典型的尼泊尔绘画风格（图 31）。其中佛殿回廊外侧东壁南端，有三尊人物肖像，上方为持金刚，下方右侧为萨钦贡噶宁波，左侧为毗哇巴，周围环绕的小像应为萨迦派诸上师，表现的正是萨迦道果法的传承图（图 32）。毗哇巴是八十四大成就者之一，出自唯识派论师护法的后辈胜天门下，寂护是毗哇巴的亲教弟子。毗哇巴曾在东印度苏摩普梨寺研修佛理和密法，他融合《红阎摩德迦续》《胜乐根本续》，以《喜金刚续第二品》为基础，从因、道、果三方面进行修持，他直接领受了金刚持开示给无我母的密法，以喜金刚为本尊，创立了“道果法”。按此法义理，“本净心，或者如来藏心，也就是众生本有之心，因为被无明覆蔽，造成迷妄，只要清除无明就能成就果位。所以成就阿赖耶识（基）即是喜金刚”[64]。昆・贡却杰布通过卓弥译师获得毗哇巴的全部教授，修建了萨迦寺。持金刚、无我母、毗哇巴（此处为持金刚、毗哇巴、萨迦初祖贡噶宁波）三尊一铺的形象，经常出现在萨迦派寺院的壁画中，标示着萨迦教法的心髓、开示和世间化现。

贡嘎县贡嘎曲德寺始建于 1464 年，由吐敦・贡嘎南杰（1432 ～ 1496 年）创建。吐敦・贡嘎南杰曾在萨迦东院修习，以喇嘛丹巴的再传弟子索南桑波为根本上师，法统属于后宗巴系或贡迦瓦系[65]。据《贡嘎寺志》[66]记载，有一天，吐敦・贡嘎南杰在贡嘎宗府屋顶看“持金刚”经书，突然几页经书被风吹到空中，一直吹到现贡嘎曲德寺所在地，当时有一只乌鸦将经页保存下来。看到了这个景象，他意识到应于此地建寺，经过广积善缘后，在他 33 岁那年，也就是第八绕迥木猴年（1464 年），在卫藏腹地修建了贡嘎曲德寺，传授四部坛城的若干教法。

图 31　打隆寺金刚殿西壁壁画
约 15 世纪

图 32　打隆寺佛殿回廊外侧东壁南端壁画
约 15 世纪

贡嘎曲德寺佛殿南壁左右皆为萨迦派高僧像，左侧三像为洛般索朗坚日、萨班贡嘎宁波、结尊扎巴嘉措；右侧三像为八思巴、萨迦班钦、喇嘛当巴索朗坚赞。密宗殿位于主殿二层北侧，方形殿内有四根柱子，四壁皆为密教本尊图像，主像四周以众多的小像围绕。正门上方顶髻无垢、白伞盖佛母、顶髻尊胜佛母为长寿类尊神，祈寿思想明显。门侧的金刚手具有护持整个道场空间、防止邪魔势力进入的意义。普巴金刚（不空成就部）、真实黑茹伽（不动部）、大黄财宝天王（与大黑天为组合）、降魔药叉金刚（与医药神有关），属于早期宁玛派法门。喜金刚是萨迦派最重要的无上瑜伽部主供尊神；密集、阎摩锐代表父续；胜乐、金刚萨埵、智行佛母代表母续；时轮金刚代表母续与父续的统合。密宗殿壁画的总体设计思想，体现吐敦·贡嘎南杰个人的修行体系。此外，贡嘎曲德寺壁画为西藏钦则画派的代表作，数量多、保存情况也较好，是尼泊尔风格向汉地艺术风格转轨时期的典范[67]。

五、觉域派寺院

印度大成就者当巴桑杰（？～1117 年）是南印度人，麦枳巴的嫡传弟子，出家后在超岩寺、金刚座等地学习显密教法，避世专修，获得成就（图 33）。晚期传麦枳巴的无垢大手印，“其本体性仍然是波罗蜜多随顺密宗行”[68]。《青史》有“息结派初、中、后三期传承情况”“能断魔境行者及喀惹巴的概况”章节，对希解派、觉域派进行了详细的记述。由于两者义理相近，故《土观宗派源流》将觉域派看作是希解派的“旁支”[69]。觉域派教法不同于传统的显宗，也不同于金刚乘或无上瑜伽，带有类似达摩祖师面壁禅修的特点，似乎像噶举派所谓的显教大手印。

在西藏佛教史上，当巴桑杰是一个极其重要的人物，他先后来西藏五次，教导西藏弟子无数，总的来说，他的弟子都在荒山老林坟场等人迹罕至之地长期苦修，过着简单的宗教生活，不与地方政权发生关系，因此在社会上无声无息，到 14 世纪末、15 世纪初，大多失传。

据《青史》《智者喜宴》记载，扎巴恩协曾在若巴咱（今琼结地）遇到当巴桑结，向他学习过觉域法[70]。贡嘎县帕当巴拉康为当巴桑杰于公元 12 世纪创建。相传他第三次入藏，将觉域教授传给觉丹・索南喇嘛，再传女弟子玛基劳准（1055 ～ 1149 年）[71]。玛基劳准出生于达布地区（今加查、朗县境内），早年从扎巴恩协出家，证悟般若性空之义，得到当巴桑杰传授后，住桑日卡玛当寺宏传觉域教法。她是薄伽梵在《文殊根本续》中亲为授记的智慧空行母的人间化身[72]。

桑日县卡玛当寺始建于 11 世纪，最初是噶当派寺院，由于玛基劳准在此传法而成为觉域派的主寺（图 34）。卡玛当寺是“玛基劳准玛住过的地方，内有玛基母子的塑像，是曾经开口说过话的神像等”[73]，寺内现主供玛基劳准像。

图 33　桑耶寺乌孜大殿内侧回廊二层西壁壁画
当巴桑杰像，19 世纪初期

六、博东派寺院

噶当派格西米多罗布钦为 11 世纪时人，1049 年，他建了博东艾寺，古称芨博东（芨，谢通门的谢，旧属谢通门县境）。从彭措林寺向东到吉定镇途中，有一个叫“旁达”的村庄，《中国历史地图集》（第五册）在这一位置标“博东”[74]，现属拉孜县境。据记载：“距离彭措岭一天的路上有一大寺名博东艾，……现在已成为在家穿僧装的世俗村落了。”[75]

邦大译师（1276 ～ 1342 年）本名罗朱丹巴，曾游学尼泊尔，回藏后翻译不少显密经论，尤以翻译时轮经续最多，他曾住持博东寺宏传时轮金刚大法。乔列南杰（1306～1386 年）早年游学辩场到博东寺时，拜见笃补巴（1290～1361 年），在博东寺经院深造，师徒两人修建了昂仁寺，49 岁继师住持觉囊寺，扩建贝摩却登等寺[76]。

博东派是乔列南杰创建并传承的一支教派，乔列南杰精通显密教法，特别在诗词方面造诣很深，著有上百部著作，独创博东派，弟子众多，自成一系。

博东派在山南浪卡子、错那有一定影响。

浪卡子县阿格曲德寺始建于公元 1276 年，由五世其美白桑创建，先奉噶当派、萨迦派，后改宗博东派。

浪卡子县桑顶寺由女活佛多吉帕姆住持，并世代转世，多吉帕姆是博东乔列南杰修密法的明妃，金刚瑜伽女之化身，也是藏传佛教中比较有威望的女活佛，桑顶寺初为博东派，后改宗格鲁派[77]。

图 34　桑日县卡玛当寺外景

浪卡子县甘田寺，约 16 世纪由二世甘田活佛门玛噶旺创建，博东派寺庙。错那县西午寺，1442 年由吉扎曲列朗杰喇嘛修建，博东派寺庙。错那县卡达寺，1442 年由甲央·丹增扎巴活佛始建，其中融合有宁玛派、萨迦派、博东派等成分，在举行宗教活动时，上述三种教派的仪式同时进行。

错那县觉拉寺位于错那县觉拉乡政府所在地，1447 年由甲央·丹增扎巴和游占·赤列朗杰创建，信奉博东派[78]，它的母寺即为浪卡子县桑丁寺。觉拉寺经堂南、西、北三壁保存有部分壁画。西壁南侧有三组，自南向北，第一组主像为喜金刚；第二组主像为博东派大师其美扎巴[79]，四周有眷众及上师；第三组主像为持金刚，周围有毗哇巴、德洛巴、那若巴、玛尔巴、米拉日巴、岗布巴、及噶举派上师噶玛达拉、洒格迥巴、响顿曲巴等，为噶举派的传承图（图 35）。佛殿东壁南侧主像为博东派大师其美扎巴，下方是弟子其米竹巴、一世多吉帕母（图 36）。从壁画题材上看，既有噶举派的传承，也有博东派的传承。在构图上，主像四周皆有小像围绕，为眷属、弟子、护法及诸派上师。壁画线条规整，画面疏朗，色彩明艳，背景为青绿山水，应是 15 世纪寺庙始建时所绘制，为博东派壁画的珍贵资料。

七、格鲁派寺院

1. 宗喀巴的行迹和山南格鲁派寺院

格鲁派创始人宗喀巴（1357 ～ 1419 年）出生于青海省湟中县塔尔寺地方，本名罗桑扎巴。幼年在噶当派寺庙夏琼寺出家，依顿珠仁钦学显教，对噶当派教义有初步的认识。1373 年，他赴卫藏地区游学，先后从萨迦、噶举、夏鲁等各派僧人学习显密经论。山南地区是他一生中的重要活动区域，他在此参访大德、潜心静修、讲经说法。根据相关的文献[80]，并结合实地考察，现按年代顺序，将宗喀巴在山南的行迹考释如下：

1385 年，宗喀巴 29 岁，受比丘戒于南结拉康（即泽当寺，寺庙已毁，在原札仓基础上，现修复成乃东县则错巴寺）此后，往丹萨替寺拜谒扎巴绛曲。

1386 年，至扎希多噶寺（乃东县结巴乡车门村，寺庙西北侧有宗喀巴修行洞）、吉如拉康（乃东县结巴乡吉如村）。

1389 年，至森布日寺（又称日丹拉康或五明道场，在今贡嘎县岗堆镇）、加玉（今隆子县加玉乡一带）、门喀宗基寺（地点不详）、札喜栋寺（地点不详）、奥噶扎寺（今贡嘎县“阿札寺”及宗工布修行洞。）

1392 年，住沃卡却隆寺（今桑日县曲龙寺）。

1393 年，朝拜增期寺（今桑日县增期乡）慈尊圣像。修建达真（马头明王）拉康（在今桑日县增期乡）。又至甲索普修行（即格索修行洞，在沃得贡贾大雪山之南的雅江边上，今属桑日县增期乡达古村，“格索”是宗喀巴的护法神之一，修行洞外现建有小庙“拉顶寺”“杰索寺”）。

1394 年，劝化阿喀宗本南喀桑布培修增期寺慈氏菩萨殿。这是宗喀巴社会活动的开始。

1395 年，至洛扎卓瓦寺（今洛扎边巴乡），和洛扎大成就者恰多瓦·南喀坚赞（1326～1402 年）探讨教义。又至扎界寺（隆子县噶丹派古寺）拜访却交桑布。

1396 年，住罗热寺（聂地，地点不清）自修五个月。又住雅珍寺（今隆子县列麦乡羊孜颇章）专修。时年，师徒三十余人同朝杂日神山，山中现有“宗喀洞”。又住色其崩巴（今隆子县色切寺，“崩巴”是宝塔之意，寺内有门结崩巴灵塔）。

1397 年，住岗穹（聂地，不详），为诸道俗讲授法要。又住涅区上部的饶种寺（今措美县的古堆乡让宗寺。）

1398 年，在阿得贡贾雪山静修地拉顶寺驻踢一年。

1399 年，朝增期寺慈尊圣像。

1404 年，住第钦顶寺（废墟位于乃东县吉如拉康西北的小山顶上，大约 12 世纪修建，属噶当派，宗喀巴在此寺驻锡两年之久）。又住慈氏洲（绛巴领寺，位于桑日县白堆乡东南，原址上现有重修的寺庙，从寺庙的窗

图 35　觉拉寺经堂西壁南侧壁画
15 世纪

口，正好望见阿得贡贾神山的雪峰之尖）。

1405、1406 年，仍住绛巴领寺，造《密宗道次第广论》，书尾“于雪山聚阿得贡贾山中慈氏洲造”，正指此处。又至沃卡却隆寺（即曲龙寺），为数百三藏法师讲演密乘道次等法。

1409 年，赴桑日朴勤（Phu-chen）讲法（“朴”可能与现在桑日白堆乡的“白”同一，其地可能在这一带）。又赴桑丹领寺（静虑洲）安居，此寺位于今桑日县沃拉乡，是朝拜琼果结圣湖路上的一个寺庙，此年十二月初三夜，宗喀巴梦见文殊菩萨，获得阿底峡法义传承的授记，并在此祈祷修建拉萨甘丹寺。

1414 年，至扎希多噶寺安居。相传宗喀巴运用神通，于一日间剃下七次头发，放在七尊塑像中，塑像至今尚存。

1409 年正月，宗喀巴在拉萨大昭寺举行祈愿大法会，同年又在拉萨东北兴建甘丹寺并自任住持，标志着格鲁派的形成。此后，上述与宗喀巴行迹相关之地，或改宗为格鲁派，或由他的弟子新建格鲁派寺庙。

格鲁派的教义源于噶当派，故称“新噶当派”。宗喀巴《菩提道次第广论》（1402 年成书）与阿底峡《菩提道灯论》在宗趣上是一脉相承的：首先是闻思律藏、别修戒定二学；接着，闻思经教论藏，对大乘所倡大菩提心、十地、六度广行以及粗细无我之理的无边法门，获得无误了知诸法性相的智慧亲证。在修习慧学方面，宗喀巴提出了许多修心方便，尤其注重止观的修习，止是安住修，观是观察修，此论“尽发灯论未尽之旨，为宗喀巴立说最精彩之处也”[81]。

格鲁派同样重视密教修习，认为四续部（事部、行部、瑜伽部、无上瑜伽部）是根据修行者的根器而划分的，要求全盘无余地通晓。成书于 1406 年的《密宗道次第广论》融合各派密宗修习精髓，详细论述了四续部

图 36 觉拉寺佛殿东壁南侧壁画
15 世纪

的修行仪轨和方法。在格鲁派看来，密宗只是一种方便，应与显教相结合，不然会迷入歧途，修成一个外道。对于明妃的作用，“最低限度仅依意想之明妃”“宗喀巴大师虽不依人间女子而修，但是依智慧空行母及田生空行母手印而修，而且对于脉络、风息精通善巧的自然力量，及清净舍心等经常修习之力，令身中菩提分（精液）毫未衰败，而且稳固”[82]。

由于格鲁派是最晚出的教派，因而得以吸取以前各派的精华，如宁玛派的马头明王法、噶当派的十六明点教授、噶举派的大手印、萨迦派的道果法、夏鲁派的时轮金刚教授等等，成为藏传佛教的集大成教派。正如土观活佛所宣称：“将一切经论皆汇归为教授，……别派所有作为最精要的法门，本派亦无不具足。……格丹派（格鲁派别名）的佛教大宝，是从能仁佛王雪山流出来的全部深广显密河流，总汇成一的大法海洋。”[83]

格鲁派建立后，山南由噶当派改宗为格鲁派的寺庙包括：隆子县色琼寺、丢热寺，洛扎县提吉寺等。由宗喀巴或弟子新建的格鲁派寺庙包括：桑日县曲桑寺、莫提机林寺，乃东县日乌曲林寺、德庆央增寺，琼结县日吾德钦寺，曲松县日果曲德寺，扎囊县朵阿林寺、日乌朗杰寺，措美县扎西曲林寺、拉顶寺、顶衮寺，加查县拉拓寺，错那县甲卫寺、土旦朗杰林、曲德寺等。

五世达赖洛桑嘉措（1617～1682 年）出自山南贵族琼结第巴家族中，1642 年，他凭借青海和硕特蒙古固始汗的势力推翻了噶玛政权。1715 年，西藏废治了藏王制，建立地方噶厦政权，格鲁派作为政教合一的宗教逐步控制了全藏，噶举、萨迦等许多寺庙被迫改宗为格鲁派。此后，山南地区又新建或扩建了一批重要的格鲁派寺院。如：加查县琼果杰寺，1509 年，二世达赖根敦嘉措创建；琼结县曲拉康，16 世纪初，二世达赖根敦嘉措创建；措美县布多寺，17 世纪中叶，班禅索朗扎巴创建；乃东县曲德贡寺，14 世纪创建，十三世达赖时期扩建；乃东县曲德沃寺，七世达赖格桑嘉措时期扩建而成；乃东县桑阿桑钦寺，1708 年，索朗坚赞创建；桑日县恰嘎曲德寺，1589 年，拉·索朗若点遵三世达赖索南嘉措的旨意创建；桑日县仁青岗寺，17 世纪，却吉·诺桑嘉措创建；贡嘎县卫色林寺，第七世达赖时期，仓央·当曲嘉措创建；贡嘎县曲布寺，1845 年，拉追·曲吉尼玛创建。

2. 壁画举例

格鲁派寺庙壁画在山南分布甚广，体现着格鲁派的自身宗趣，同时，也存在某些历时性的变迁轨迹，现就此举例说明。

桑日县增期寺相传由喇钦·贡巴绕色的弟子噶米·云丹雍仲于公元 10 世纪修建，初为噶当派，宗喀巴 37 岁时（1393 年）前往增期寺朝强巴佛像，见寺院衰败而伤心，在他的劝说下，当时沃卡宗本南喀桑布对增期寺进行了一次大规模的维修，后来，增期寺改奉格鲁派，因此，增期寺被视为格鲁派的发祥地之一。

据文献记载，1393 年，宗喀巴冬季在甲索普修行时，“曾见文殊菩萨身形高广，威德巍然，旁有无量圣众围绕”“又见阎曼德迦（即大威德金刚）身大威严，首臂圆满”[84]。1394 年，宗喀巴师徒俱往阿喀，“那时，（宗喀巴）大师每修一次忏罪法，结合百拜顶礼，三十五佛的身像就不断地真实显现”[85]。所谓三十五佛，出自《佛说三十五佛名礼忏文》等经典。三十五佛忏悔文即礼拜常住十方一切世界的三十五佛的一种修行法门，集礼敬诸佛、忏悔业障、功德回向于一体，古印度的大乘修行者，每日常修三十五佛礼忏法门，此法门忏罪力量不可思议，功德广大。

南喀桑布资助维修了增期寺之后，宗喀巴直接指导了壁画的绘制。“由雅珑请画师，自持颜料，来任画事。大师使其日受斋戒画之。”“画文殊菩萨严净国土图。开光时，见文殊菩萨来入其像。是夜供以酥灯，灯量虽小，燃至次日中午（此像有加持故）。”[86]“那时，开始绘三十五佛像时，画师们不知诸佛的身色、手印等应如何绘画，求问于宗喀巴大师。大师作启请后，心中显现出与应画绘画的三十五佛身像依次相符的身色、手印等，当即按照所见之景象，吩咐画师们应如此这般绘画。”[87]“今藏中三十五佛之画法皆本于此。”[88]

现增期寺经堂四壁皆保存有旧壁画，经现场分析，壁画早晚兼具，至少有两个时期，第一期壁画应是宗喀巴重修寺院的 14 世纪所绘，其中，尤其值得注意的，是文献中所提到的题材：北壁西端为五尊文殊像组成的文殊坛城图（图 37）；南壁东侧第一尊为大威德金刚（图 38）；西壁正中为龙王像（释迦牟尼之化身），两侧为三十五佛（图 39）。这部分壁画近年依旧迹

图 37 增期寺经堂北壁西端壁画
文殊坛城图，14 世纪绘制，近年重绘

图 38 增期寺经堂南壁东侧壁画
大威德金刚，14 世纪绘制，近年重绘

图 39　增期寺经堂西壁壁画局部
三十五佛，14 世纪绘制，近年修补、重绘

修补，在修补过程中，画工发现这一期壁画的笔触、敷金粉都是极其精细的。第二期应是宗喀巴之后的某次修复，主要是北壁的宗喀巴师徒及格鲁派大师这些题材。

增期寺经堂壁画局部保存了 14 世纪壁画原貌，题材是按宗喀巴本人的要求绘制的，壁画中的文殊坛城、大威德金刚及三十五佛，皆与文献记载吻合，保持了宗喀巴个人思想的印迹，反映了早期格鲁派壁画的特征。

随着大量格鲁派寺庙的兴建，相对固定的壁画程式也逐渐形成。在隆子县扎果寺、丢热寺、桑日县恰嘎曲德寺、乃东县甘丹曲果林寺等一批格鲁派寺庙中，皆保存了格鲁派壁画，完整的修行次第和对所重视的部类的强调，体现了格鲁派完整的宗教思想。

格鲁派注重显教经典，佛菩萨像、佛传故事、度母等皆为经堂壁画的主题（图 40）。格鲁派把事部、行部、瑜伽部判为下三部，共同特点是持守三昧耶和律仪，修有相无相瑜伽，别修风息、念诵、空性和本尊瑜伽，壁画中有许多本尊、护法，每一尊都代表了一个法类，通过对它们的猛利祈祷，可获得护持。格鲁派尤其重视大威德金刚和阎魔护法神（相传为宗喀巴的护法神）部类的修持（图 41）。无上瑜伽被看作是四部中的最高密法，应由已经走上菩萨行的人来实施，未达修行次第不能获得灌顶，因此，一般格鲁派寺庙壁画中，这类本尊较为少见，这是与噶举、萨迦诸派不同的地方。

经堂是寺庙中诵经、说法之地，格鲁派寺院经堂天井壁画，一般多为释迦牟尼及弟子、阿底峡、仲敦巴、俄・勒贝喜饶师徒三尊或宗喀巴、贾曹杰、克珠杰师徒三尊，主像之间多为噶当派或格鲁派大师，代表了教派的传承。如隆子县丢热寺经堂天井壁画，北壁主像为宗喀巴师徒三尊，四周为噶当派及格鲁派上师，宗喀巴右上方为阿底峡（图 42）。

程式化的图像配置代表着成熟的宗派义理和修行次第，到了晚近，这种程式开始出现松弛和变形。

乃东县曲德贡寺（又称达杰林寺）约建于 14 世纪，十三世达赖（1876～1933 年）时扩建成现在规模，并绘制了现经堂壁画，壁画以释迦牟尼、八大药师佛、宗喀巴、五世达赖、护法神为主像，主像之间皆为佛传及佛本生故事，每组壁画还注有藏文说明，这是单一题材壁画的例子（图 43）。

随着历史的沉积，佛教经疏越来越多，只有获得佛学精髓的大师，才了然每一种传规的脉络，拥有系统化的掌控能力，并给予修证者受用的教诲，于是，僧人对于佛法本身的探索，被对于上师的崇拜所代替。在拉萨三大寺建筑中，经堂后面佛殿代之以安放上师灵塔的若干个小殿堂。晚近壁画中，宗喀巴祖师传承、历代达赖和本寺本派上师的图像，占据了壁画的很大空间。如扎囊县松康桑松林一层北壁壁画，中央三尊较大的主像，中间为释迦牟尼，东侧为土登嘉措，西侧为边钦土登克确吉尼玛，围绕主像的为西藏的宗派上师，人物下方皆有藏文人名（图 44）。

桑耶寺乌孜大殿内侧围廊二层壁画，题材为“西藏史画”，19 世纪初期绘制。壁画结构以历史人物大像居中，周围为相关的传记故事。内容自远古传说的罗刹女与神猴成婚、繁衍西藏最早的人类开始，依次描述了西藏历史上的重大事件：雅隆部落的兴起；迎请第一位吐蕃赞普聂赤；佛教传入西藏；松赞干布统一西藏；藏王墓分布图；迎请尼婆罗尺尊公主和唐

图 40　隆子县扎果寺经堂北壁西侧壁画
约 17 世纪末

图 41　隆子县丢热寺经堂南壁东段壁画
15 世纪

图 42　隆子县丢热寺经堂天井北壁壁画
15 世纪以后

图 43　乃东县曲德贡寺经堂南壁壁画
约 20 世纪初

图 44　扎囊县松康桑松林一层北壁壁画
1929 年

朝文成公主；大昭寺的兴建；金城公主入藏；桑耶寺的兴建；莲花生入藏；朗达玛灭佛；阿底峡入藏；西藏后宏期萨迦王朝、帕竹王朝的兴衰；宗喀巴创立格鲁派；直到九世达赖业绩。南、西、北三壁共有 42 尊大像，画面长达 92 米，呈现出一部完整的西藏历史，被称为西藏的“史记”（图 45～图 52）。

西藏壁画从最初的佛传、佛本生故事，逐渐融入西藏各宗派的真实历史，壁画题材的民族化更加凸显，它们不再是印度佛教抽象教义的图解，而是一代代西藏祖师的实践和亲证，艰难曲折的教派兴衰、引人入胜的悟道体验，上师的个体生命汇入各宗派的传统之中。这部分壁画以白云山坡自然分割画面，构成一幅幅独立的情景，构图自由舒展，设色以门唐派青绿山水为主调，衬托出寺庙金顶、黄色的僧帽、红色的袈裟。画面富丽多彩，线条遒劲流畅，对于人物的表情、肢体以及飞龙、大象、牛马的描摹，无不生动传神。山坡上的骑马人、飞翔的成就者、梦境中的观音、白雪皑皑的山峦、开满鲜花的树枝、降雨浇灭焚火的龙王、云中散花的天女……这些细节感人至深，犹如童稚之眼，融入了绘画者的前世今生，这是西藏佛教文明的深邃内核，一个民族最高的精神结晶，令人一咏三叹。

叁、开拓西藏壁画研究的新境界

西藏壁画早期受到印度、中亚、汉地壁画的影响。印度阿旃陀壁画是南亚地区现存最早的壁画，体现了印度的古典传统。这一传统，通过波罗王朝治下的比哈尔、孟加拉，继而通过尼泊尔，直接影响卫藏地区，最鲜明的特征是人物衣着薄露，袒胸跣足，三道弯式婀娜身姿，背景以大红色为主调，构图为棋盘式结构。在西藏西部，迦湿弥罗—古格风格的壁画，因受到中亚伊朗、波斯和印度莫卧儿时期细密画的影响，人物造像以明显的凸凹与层次表现立体感，面部用晕染手法，带腹肌的倒漏斗腰，色彩鲜艳，装饰精致、严谨。15 世纪中叶以后，随着西藏与祖国内地的联系日益密切，西藏画师从元明宫廷所赐的织绣、唐卡中，学习和吸收了大量汉地绘画元素，宋元绘画的深邃意境，华夏文明对于山林的依恋与挚爱，深化了人们对于自然的体验，花草树木、山石瀑布的自由构图代替了早期的棋盘格式。17 世纪以后，西藏史家对西藏绘画流派进行了总结，提出了门唐、青孜、嘎赤等画派的划分。

图 45　桑耶寺乌孜大殿内侧围廊二层壁画
文成公主堪舆图，文成公主挽高髻，单膝跪地，凝神注视堪舆表，下方有两朵含苞待放的莲花，渲染了文成公主是度母的化身
19 世纪初期

图 46　桑耶寺乌孜大殿内侧围廊二层壁画
金城公主在赴藏途中照镜子，镜中看到苍老的赤德祖赞
19 世纪初期

图 47　桑耶寺乌孜大殿内侧围廊二层壁画
赤松德赞幼时，大臣灭佛，僧人将大昭寺佛像藏起来，或藏入水中，或带到芒域（吉隆）一带，过了 12 年，又从芒域将佛像重新请回大昭寺
19 世纪初期

图 48　桑耶寺乌孜大殿内侧围廊二层壁画
热巴巾赞普被谋杀，脖子被扭到后面去了
19 世纪初期

图 49　桑耶寺乌孜大殿内侧围廊二层壁画
香巴噶举派祖师穷波乃久巴修行故事
19 世纪初期

图 50　桑耶寺乌孜大殿内侧围廊二层壁画
龙王降雨浇灭寺庙的焚火
19 世纪初期

图 51　桑耶寺乌孜大殿内侧围廊二层壁画
宁玛派上部掘藏师单顿·古鲁旺秋的传记故事
19 世纪初期

图 52　桑耶寺乌孜大殿内侧围廊二层壁画
宁玛派“大素尔”释迦迥乃修行故事
19 世纪初期

经过本民族漫长的历史选择，西藏壁画逐渐摆脱了对外来艺术的单纯模仿，呈现出鲜明的高原色彩和民族风格。题材上，壁画图像是与相应的教义联系在一起的，源自内心深切的祈愿，质朴而诚挚，它构成西藏壁画特有的美妙境界。许多闪耀天才智慧的杰作，都是修行者入禅静修所获灵感的结晶。色彩上，西藏高原空气纯净，少雾霭阴霾，一切呈现为原色，同时，蓝、绿、黄、红、白五大色代表了五方佛的身色，赋予了宗教图像学的深刻含义。经文一般稠密的造像、香雾一般弥漫的构图、画面上流淌的梦呓一般的激情与生命感，皆根植于本民族的审美传统与精神分野，这是一个民族心底的私语。

13世纪初，穆斯林烧毁了印度超戒寺，以此为标志，佛教在印度本土宣告消亡。佛教的火种凭藉喜马拉雅山的天然屏障得以保存，此后，藏传佛教走上了独立发展的道路，一代代虔诚的布道者和各教派的宗师，深化了印度成就者的修证体验，仁钦桑波、布顿、宗喀巴、多罗那他等众多大师创造性的阐释，使浩如烟海的藏文典籍融洽成显密兼修的佛教果实，由此构成了完整的佛教生命史。与汉地、中亚、南亚地区的佛教壁画相比，西藏寺院壁画既有纯朴、活泼的小乘题材，流光溢彩的大乘众神，还有神秘深邃的密宗图像，它们内涵丰饶，前后相续，构成了佛教史上最成熟、最完整的壁画遗产，至今仍发挥着活的宗教功能。

早在20世纪之初，一批国外探险家、传教士、东方学家纷纷进入西藏，开始对西藏各个方面的考察，其中也包括对西藏宗教艺术的记录，意大利东方学家杜齐在1929～1948年间，曾八次深入西藏，带走了大量文物，并拍摄了大量的壁画资料，成为国外藏学研究的基础，他的名著《印度—西藏》已于2010年在中国翻译出版[89]，但著作中记述的康马县萨玛达寺、艾旺寺、札达县芒囊寺等寺院，大多已成废墟，原来精彩的壁画早已荡然无存。

从20世纪80年代起，西藏自治区组织了多次文物普查，除拍摄了一些零星的、局部的壁画，一直没有对壁画进行过系统的记录。由于壁画不易保护，尤其是年代久远的壁画往往附着在年久失修的墙体上，墙体的倾斜、墙皮的脱落更加严重。近年来，数字化拍摄和图片的电脑拼接技术，给壁画记录带来了极大方便。故宫博物院等单位对夏鲁寺、贡嘎曲德寺等寺院进行了壁画数字化记录，但系统的记录工作一直没有展开。

从2017年起，湖南省文物考古研究所和山南市文物局组成联合团队，开展了“山南市古寺庙壁画数字化”的实践，在这几年的调查、拍摄过程中，我们到过许多偏僻的乡间小庙、人迹罕至的边境地区，在荒山野岭中寻找和记录文明的残迹。一些寺庙已经坍毁，壁画就暴露在露天；一些寺庙保存的壁画，对比20世纪90年代初留下的照片，其残损、褪色的程度令人震惊，这更让我们意识到这项工作意义。现在，山南市古代寺院壁画数字化工作已经圆满完成，全部图像信息得到了永久性的保存。同时，随着《山南壁画》《山南壁画补编》的编辑出版，一大批鲜为人知的珍贵壁画、反映壁画细节和整体的关系的崭新资料，进入了研究者的视野，使得多层次、全方位的壁画研究成为可能，这必将开拓西藏壁画研究的新境界。

2020年6月，初稿于长沙

2020年7月，定稿于山南贡波日神山下

注释

【1】山南地区文物局编：《西藏山南地区寺院名录》，内部资料。

【2】实例出自《山南壁画》（湖南省文物考古研究所、西藏自治区文物保护研究所、西藏自治区山南市文物局编，科学出版社，2019年）和本书，不另注出处。

【3】泽当山梁后面一座山峰叫贡波日，传说猴仙与女妖在此结合，繁衍了藏族。

【4】钦则旺布著，刘千立译注：《卫藏道场胜迹志》，西藏人民出版社，1987年，注309。

【5】吕澄：《印度佛学源流略讲》，上海人民出版社，2005年，第223页。

【6】拔塞囊著，佟锦华、黄凡布译注：《〈巴协〉（增补本）译注》，四川民族出版社，1990年，第47页。

【7】据当地传说，寂护是被公马踢死的，他的灵塔建成后不久便倒塌了，他的尸体被狗从灵塔中拉出，当人们发现时，只存其头。于是，人们又将其头重新埋入塔内并加维修。“文革”中，此灵塔被毁，寂护的头骨又被发现，收藏于桑耶寺中，在进行阶级教育展览时，头骨遗失，至今不知下落（参见西藏自治区文管会编，索朗旺堆、何周德主编：《扎囊县文物志》，1986年，第249页）。

【8】《巴协》记载了莲花戒进藏时的情景：“此后，使者来禀报：呷玛拉（莲花戒）已到达隆促地方。君臣便全都到河边迎接。和尚（指大乘和尚摩诃衍那）与他的徒从也都一齐来到河边。呷玛拉在河对岸说：‘我要探问一下和尚声明与因明的学识。’

乃用手杖绕头三周（以表示向和尚发问：‘何谓流转三界之因？’），和尚看见，为作回答，乃于河这岸以手抓袍之襟向地连摔两下（意为：‘流转三界乃是能取与所取二取无明为因。’）。呷玛拉见此说道：‘彼于问答二者皆能领悟，是一个厉害人物呀！’于是过河而来。”（拔塞囊著，佟锦华、黄凡布译注：《〈巴协〉（增补本）译注》，四川民族出版社，1990年，第50页），图2即描写了莲花戒和摩诃衍那和尚隔河斗法情景。

【9】拔塞囊著，佟锦华、黄凡布译注：《〈巴协〉（增补本）译注》，四川民族出版社，1990年，第48～55页。

【10】钦则旺布著，刘千立译注：《卫藏道场胜迹志》，西藏人民出版社，1987年，注565～574。

【11】土观·罗桑却季尼玛著，刘千立译：《土观宗派源流》，西藏人民出版社，1984年，第29页。

【12】巴卧·祖拉陈瓦著，黄颢、周润年译注：《智者喜宴》，中央民族大学出版社，2010年，第143页。

【13】土观·罗桑却季尼玛著，刘千立译：《土观宗派源流》，西藏人民出版社，1984年，第33页。

【14】赞普赤德祖赞为金城公主别筑一殿，称为“旁塘宫”，遗址在乃东县境。

【15】丹噶宫为赤松德赞的行宫，在琼结县境，文献记载的“青瓦达孜”六宫和历代赞普陵墓也在这一带。

【16】即青朴修行地。

【17】钦则旺布著，刘千立译注：《卫藏道场胜迹志》，西藏人民出版社，1987年，注275。

【18】钦则旺布著，刘千立译注：《卫藏道场胜迹志》，西藏人民出版社，1987年，注146。

【19】〔奥地利〕内贝斯基著，谢继胜译：《西藏的神灵和鬼怪》，《国外藏学研究译文集·第七辑》，西藏人民出版社，1990年。

【20】西藏四大山神：东方雅拉香波山神；南方库拉岗日山神；西方诺吉康娃桑布山神，或认为是雅拉香波山神的化身；北方念青唐古拉山神，即布达拉宫所在的红山的保护神。

【21】十二丹玛女神制造旱灾、荒年、瘟疫，主神多吉玉仲玛似为传说中的罗刹女妖。

【22】吉祥天女，又称“丹巴拉姆”，意为黑烟火，骑四眼的骡子，原是印度婆罗门崇拜的神祇，后被金刚手收服，成为佛教护法神。

【23】有些文书将霍尔与“萨霍尔”混淆了，所以产生琼结有古代萨霍尔后裔的说法。见钦则旺布著，刘千立译注：《卫藏道场胜迹志》，西藏人民出版社，1987年，注138。

【24】《国外藏学研究译文集·第四辑》，西藏人民出版社，1988年，第298页。

【25】张怡荪主编：《藏汉大辞典》，民族出版社，1985年，第356页。

【26】土观·罗桑却季尼玛著，刘千立译：《土观宗派源流》，西藏人民出版社，1984年，第33页。

【27】觉囊达热那特：《后藏志》，佘万治译，西藏人民出版社，1994年，第117、157页。

【28】索南才让（许得存）：《西藏密教史》，中国社会科学出版社，1998年，第178页。

【29】张建林、席林、夏格旺堆，等：《西藏东部吐蕃佛教造像——芒康、察雅考古调查与研究报告》，社会科学文献出版社，2018年。

【30】土观·罗桑却季尼玛著，刘千立译：《土观宗派源流》，西藏人民出版社，1984年，第36页。

【31】廓诺·迅鲁伯著，郭和卿译：《青史》，西藏人民出版社，1985年，第71页。

【32】钦则旺布著，刘千立译注：《卫藏道场胜迹志》，西藏人民出版社，1987年，第12页。

【33】拔塞囊著，佟锦华、黄凡布译注：《〈巴协〉（增补本）译注》，四川民族出版社，1990年，第37页。

【34】土观·罗桑却季尼玛著，刘千立译：《土观宗派源流》，西藏人民出版社，1984年，第44页。

【35】法尊法师编译：《阿底峡尊者传》，报佛恩网 http:www.bfnn.org。

【36】钦则旺布著，刘千立译注：《卫藏道场胜迹志》，西藏人民出版社，1987年，注140。

【37】在《山南壁画》第88页中，将阿底峡在桑耶寺住地误定为桑结林，现作更正。

【38】廓诺·迅鲁伯著，郭和卿译：《青史》，西藏人民出版社，1985年，第70页。

【39】廓诺·迅鲁伯著，郭和卿译：《青史》，西藏人民出版社，1985年，第170页。

【40】廓诺·迅鲁伯著，郭和卿译：《青史》，西藏人民出版社，1985年，第171页。

【41】土观·罗桑却季尼玛著，刘千立译：《土观宗派源流》，西藏人民出版社，1984年，第57页。

【42】王森：《西藏佛教发展史略》中国藏学出版社，2010年，第58页。

【43】钦则旺布著，刘千立译注：《卫藏道场胜迹志》，西藏人民出版社，1987年，注353～354。

【44】廓诺·迅鲁伯著，郭和卿译：《青史》，西藏人民出版社，1985年，第695～701页。

【45】钦则旺布著，刘千立译注：《卫藏道场胜迹志》，西藏人民出版社，1987年，注323。

【46】钦则旺布著，刘千立译注：《卫藏道场胜迹志》，西藏人民出版社，1987年，第18页。

【47】廓诺·迅鲁伯著，郭和卿译：《青史》，西藏人民出版社，1985年，第701页。

【48】廓诺·迅鲁伯著，郭和卿译：《青史》，西藏人民出版社，1985年，第699～700页。

【49】廓诺·迅鲁伯著，郭和卿译：《青史》，西藏人民出版社，1985年，第185页。

【50】廓诺·迅鲁伯著，郭和卿译：《青史》，西藏人民出版社，1985年，第65页。

【51】西藏自治区文管会编：《错那、隆子、加查、曲松县文物志》，西藏人民出版社，1993年。

【52】钦则旺布著，刘千立译注：《卫藏道场胜迹志》，西藏人民出版社，1987年，注374。

【53】土观·罗桑却季尼玛著，刘千立译：《土观宗派源流》，西藏人民出版社，1984

年，第 79 页。
【54】土观・罗桑却季尼玛著，刘千立译：《土观宗派源流》，西藏人民出版社，1984 年，第 87 页。
【55】索南才让（许得存）:《西藏密教史》，中国社会科学出版社，1998 年，第 421 页。
【56】《国外藏学研究译文集》第三辑，西藏人民出版社，1987 年，第 275 页。
【57】〔美〕索甲仁波切：《西藏生死书》，浙江大学出版社，2018 年。
【58】土观・罗桑却季尼玛著，刘千立译：《土观宗派源流》，西藏人民出版社，1984 年，第 96 页。
【59】土观・罗桑却季尼玛著，刘千立译：《土观宗派源流》，西藏人民出版社，1984 年，第 101 页。
【60】钦则旺布著，刘千立译注：《卫藏道场胜迹志》，西藏人民出版社，1987 年，注 221。
【61】土观・罗桑却季尼玛著，刘千立译：《土观宗派源流》，西藏人民出版社，1984 年，第 110 页。
【62】土观・罗桑却季尼玛著，刘千立译：《土观宗派源流》，西藏人民出版社，1984 年，第 110 页。
【63】萨尔吉：《西藏山南地区达隆寺壁画题记的初步考察》，《藏学学刊・第 9 辑》，中国藏学出版社，2013 年。
【64】索南才让（许得存）:《西藏密教史》，中国社会科学出版社，1998 年，第 368 页。
【65】钦则旺布著，刘千立译注：《卫藏道场胜迹志》，西藏人民出版社，1987 年，注 337。
【66】《贡嘎寺志》手抄本。
【67】罗文华、格桑曲培主编：《贡嘎曲德寺壁画》，故宫出版社，2015 年。
【68】廓诺・迅鲁伯著，郭和卿译：《青史》，西藏人民出版社，1985 年，第 636 页。
【69】土观・罗桑却季尼玛著，刘千立译：《土观宗派源流》，西藏人民出版社，1984 年，第 93 页。
【70】钦则旺布著，刘千立译注：《卫藏道场胜迹志》，西藏人民出版社，1987 年，注 282。
【71】土观・罗桑却季尼玛著，刘千立译：《土观宗派源流》，西藏人民出版社，1984 年，第 93 页。
【72】廓诺・迅鲁伯著，郭和卿译：《青史》，西藏人民出版社，1985 年，第 146 页。
【73】钦则旺布著，刘千立译注：《卫藏道场胜迹志》，西藏人民出版社，1987 年，第 16 页。
【74】中国历史地图集编辑组编辑：《中国历史地图集》，中华地图学社，1975 年。
【75】钦则旺布著，刘千立译注：《卫藏道场胜迹志》，西藏人民出版社，1987 年，第 43 页。
【76】钦则旺布著，刘千立译注：《卫藏道场胜迹志》，西藏人民出版社，1987 年，注 489 ～ 493。
【77】钦则旺布著，刘千立译注：《卫藏道场胜迹志》，西藏人民出版社，1987 年，注 563。
【78】《错那县文物志》作“薄东噶举派”：《山南壁画》误作“拔戎噶举派”，现定为博东派。
【79】觉囊达热那特著，佘万治译:《后藏志》，西藏人民出版社，1994 年，注 339:“旁厅巴・济美扎巴，依止那若巴 12 年，传承喜金刚阴阳体教言。”不知是否同一人。
【80】法尊法师译：《宗喀巴大师传》，报佛恩网 http:www.bfnn.org。正文没有注明译文出处，推测为克珠杰所撰《宗喀巴传》的摘译。土森《宗喀巴年谱》基本上以此为本。
【81】吕澄：《西藏佛学原论》，商务印书馆，1934 年，第 63 页。
【82】法王周加巷著，郭和卿译：《圣尊宗喀巴大师传》，青海人民出版社，1999 年，第 429 ～ 430 页。
【83】土观・罗桑却季尼玛著，刘千立译：《土观宗派源流》，西藏人民出版社，1984 年，第 190 页。
【84】法尊法师译：《宗喀巴大师传》，报佛恩网 http:www.bfnn.org。
【85】法王周加巷著，郭和卿译：《圣尊宗喀巴大师传》，青海人民出版社，1999 年，第 178 页。
【86】法尊法师译：《宗喀巴大师传》，报佛恩网 http:www.bfnn.org。
【87】法王周加巷著，郭和卿译：《圣尊宗喀巴大师传》，青海人民出版社，1999 年，第 186 页。
【88】法尊法师译：《宗喀巴大师传》，报佛恩网 http:www.bfnn.org。
【89】〔意〕杜齐著，魏正中、萨尔吉主编，李翎等译:《梵天佛地》，上海古籍出版社，2010 年。

第1章

桑日县增期寺

增期寺（རྫིང་ཕྱི་དགོན།）位于桑日县增期乡增期村内，北纬 29° 26′ 37.9″，东经 92° 21′ 27.1″，海拔 4072 米。增期，藏文意为“水塘之外”，因寺院建在水塘外而得名。相传由喇钦·贡巴绕色的弟子噶米·云丹雍仲于公元 10 世纪修建，教派为噶当派。增期寺建有门阙、佛殿带有转经道，这些都是早期寺院的特点。1393 年，宗喀巴在增期寺讲经说法，劝说当时的沃卡宗本南喀桑布，对增期寺进行了一次大规模的维修，增期寺后来改奉为格鲁派，为格鲁派的发祥地之一。

约在 16、17 世纪之交，增期寺被贡布地区军队焚烧、洗劫。此后，寺院成为根敦嘉措的根本道场加查琼果杰寺的属寺。五世达赖时委任增期寺堪布，成为独立的格鲁派寺院。“文革”期间，主殿因作为仓库而得以保存，但佛殿及甬道被拆，原有僧舍也全部拆除。1986 年国家拨款维修增期寺（图 1–1，图 1–2）。

主殿为二层藏式建筑，坐北朝南，占地约 912 平方米。

一层设有门厅、大经堂、佛殿。

门厅进深 1.6 米，原壁画无存，现重绘四大天王、轮回图等。

大经堂进深 6 间，宽 5 间，共 20 柱，柱头绘有莲花纹，部分柱头原刻有透雕佛像，中间有四根高柱撑起天井。

经堂四壁皆绘有壁画（图 1–3，图 1–4）。

经堂南壁大门门框上方，中间为白伞盖，东侧为强巴佛，西侧为建寺人云丹雍仲。南壁大门门框东侧，自西向东：第一尊主像是大威德金刚；第二尊主像为护法大将军，又名骑狮护法，宁玛派开派祖师莲花生收伏的一护法神名（参见张怡荪主编：《藏汉大辞典》，民族出版社，1985 年，第 145 页。以下简称《藏汉大辞典》，不再详注）；接着是护法殿的木门，门框上方为密集

图 1–1　增期寺航拍图

图 1–2　增期寺外景

金刚，门框东侧主像为阎摩护法神（相传为宗喀巴的护法神），下方是阎摩护法神的两尊化身。南壁大门门框西侧上方为嘿如伽（胜乐金刚），下方为唐杰革瓦纳卜（大黑天之一种）（图 1-5）。接着墙体内折，内折处墙面的上方为世间度母（长寿三尊之一），下方为噶举派护法加木辛，又称姊妹护法或大红司命主，为密乘本尊马头明王眷属中之红面狱主（参见《藏汉大辞典》，第 766 页）（图 1-6）。接下来的南壁西侧部分，自东向西，第一尊主像是天王（天王为财富神，相传建寺时，曾得到财神的帮助），上方分别为绿度母和白度母；第二尊主像为大黑天，下方为两尊护法神，东侧为杰勒密则（胜友，迦湿弥罗佛学家，8 世纪中，吐蕃王赤松德赞迎来西藏翻译佛经甚多），西侧为护国药叉，为六臂明王的随从，守护世界东方的神将之一（参见《藏汉大辞典》第 49 页）；第三尊为吉祥天母，上方为妙音天女，左上角的佛像为西壁的三十五佛之一（图 1-7）。

西壁正中为龙王像（释迦牟尼之化身），两侧为三十五佛（注：三十五佛出自《佛说三十五佛名礼忏文》等佛典。三十五佛忏悔文即礼拜常住十方一切世界的三十五佛的一种修行法门，集礼敬诸佛、忏悔业障、功德回向于一体，古印度的大乘修行者，每日常修三十五佛礼忏法门，此法门忏罪力量不可思议，功德广大）。西壁南侧上方，自南向北有一世达赖、七世达赖、? 世达赖小像，西壁北侧上方，自南向北有十三世达赖、十二世达赖小像，皆为后期补绘（图 1-8）。

北壁下方被一组木柜遮挡，只显露壁画的上面部分，自西向东，西端为五尊文殊像组成的文殊坛城图，接着是宗喀巴及弟子像，门框东侧为格鲁派大师像，具体人名不详，北壁东端为四臂观音和长寿佛，下方遮住部分有文殊、金刚萨埵、顶髻尊胜佛母（图 1-9）。

东壁主像为释迦牟尼佛，两侧为十八罗汉像，上方有八大药师佛小像，此外，还绘有噶当

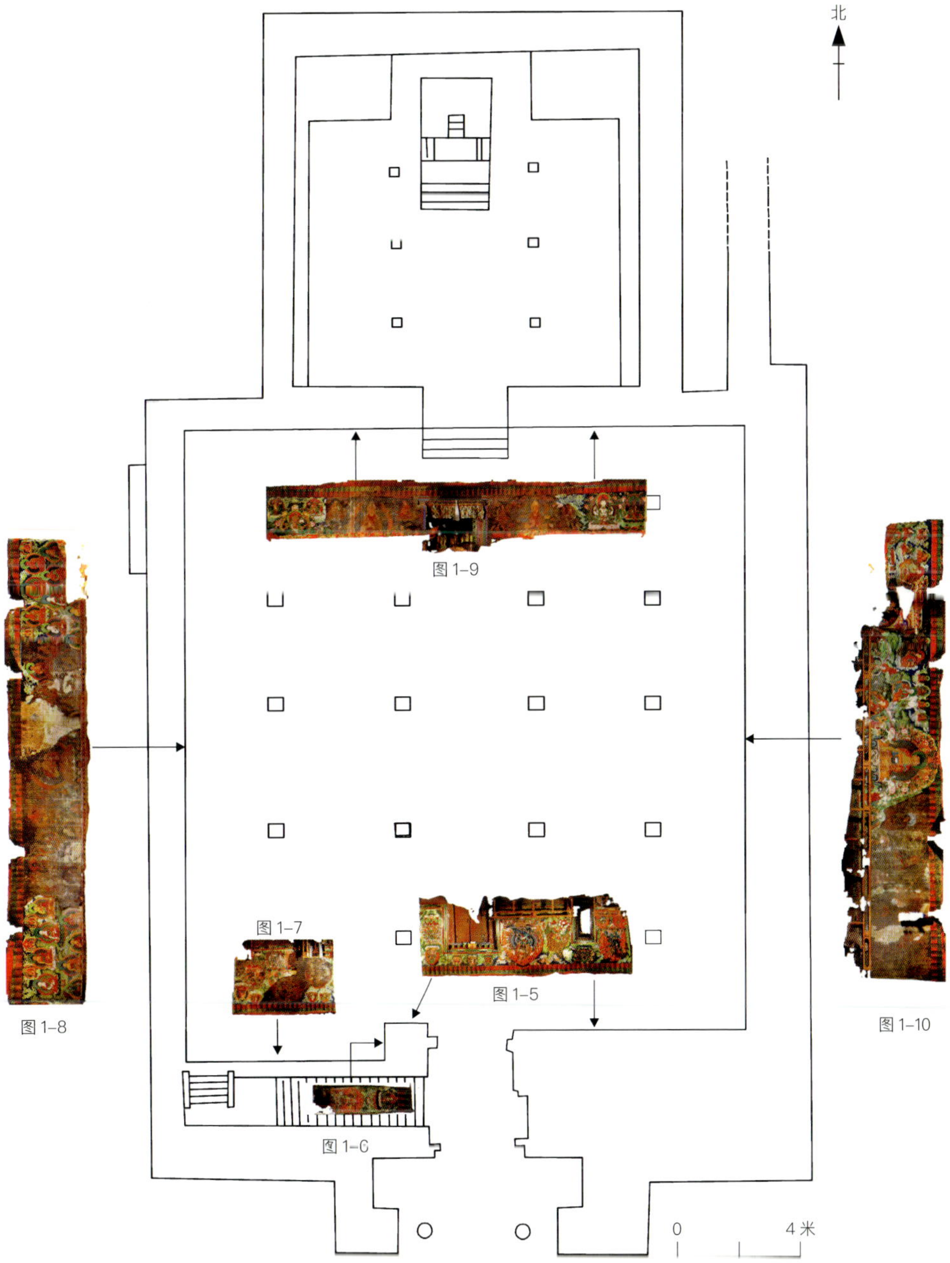

图 1-3　增期寺一层建筑平面及壁画位置图

图 1-4　增期寺经堂

图 1–5　增期寺经堂南壁东侧、中部壁画

派上师、白度母等小像（图 1–10）。

经堂壁画早晚杂糅，至少有两个时期，第一期壁画应是宗喀巴重修寺院时期所绘。据法尊法师译《宗喀巴大师传》，1393 年，宗喀巴 37 岁时，前往增其寺朝强巴佛像，冬季修行时，“曾见文殊菩萨身形高广，威德巍然，旁有无量圣众围绕”“又见阎曼德迦身大威严，首臂圆满”。次年，在当时沃卡宗本南喀桑布的资助下，维修增期寺，“由雅珑请画师，自持颜料，来任画事。大师使其日受斋戒画之”“画文殊菩萨严净国土图。开光时，见文殊菩萨来入其像。是夜供以酥灯，灯量虽小，燃至次日中午（此像有加持故）”“时又画三十五佛，画师不知身色及手印等，曰：‘如何画之？’请问大师。师祈祷之，诸佛毕现，遂以所见者而画之（今藏中三十五佛之画法皆本于此）。”现在壁画中的三十五佛、文殊坛城及护法神题材，皆与记载相吻合，保持了宗喀巴早期思想的印迹。这部分壁画近年依旧迹经过修补、重绘，基本保持了原来的面貌。据僧人介绍，这一期的壁画笔触、敷金都极其精细。第二期应是宗喀巴之后的某次修整过程中所

绘，主要是北壁的宗喀巴师徒及格鲁派大师这一题材。

经堂北部为新修复的强巴佛殿，进深 4 间，宽 3 间，共 6 柱，设有佛台、佛龛。佛龛内主供三世佛站立像，左右两侧为八大弟子、十六罗汉等像。四壁绘千佛、观音、宗喀巴和八位弟子等，均系新绘。

经堂南面大门右侧有不足一柱宽的护法神殿，有线绘四大天王像和护法神像。二层大井回廊北面有一柱宽的护法神殿，南面有历代活佛寝宫。

图 1–5　局部

图 1-6　增期寺经堂南壁墙面内折处壁画

图 1-7　增期寺经堂南壁西侧壁画

图 1-7　局部

图 1-8　增期寺经堂西壁壁画

图 1-8　局部

图 1-9　局部

图 1–10　增期寺经堂东壁壁画

图 1–10　局部

图 1–10　局部

སྐྱ་ཆུད་སྐྱ་ཡད།

第2章

桑日县布窘拉康

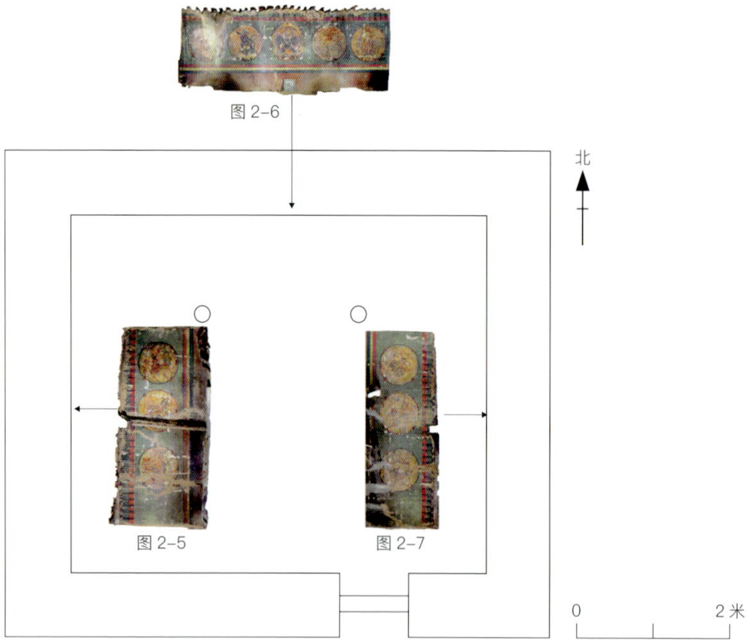

图 2-4　布窖拉康建筑平面及壁画位置图

图 2-5　布窖拉康西壁壁画

第3章

桑日县巴朗曲康

巴朗曲康（བ་ནག་ཆོས་ཁང་）位于桑日县绒乡巴朗村内，北纬 29° 13′ 41.7″，东经 92° 00′ 26.5″，海拔 3580 米。

巴朗曲康始建于吐蕃时期，相传为巴喇嘛·益西僧格为防洪而建的神殿，用于祈祷地方平安，当地人称之为“巴喇嘛曲康”，久之变音为“巴朗曲康”。最初在殿内供一释迦牟尼像，没有僧人居住。朗达玛灭佛时，该神殿并没有遭到破坏，11 世纪，由宁玛派僧人进行了一次维修，主殿加盖了二层，并修建了附属建筑，绘制了壁画，仍无僧人住寺。到了 16 世纪格鲁派兴起后，再次扩建了巴朗曲康，在维修中拆除了主殿的甬道，修建了僧舍，并绘制了格鲁派壁画。“文革”时期，建筑得以保存。20 世纪 80 年代又进行修缮。2007 年与恰嘎曲德寺一并公布为自治区级文物保护单位（图 3-1，图 3-2）。

图 3-1　巴朗曲康航拍图

图 3-2　巴朗曲康外墙

神殿坐北朝南，主殿建在高出地面 1 米的地基上，平顶式二层土石木构建筑，高 8.9 米。底层面阔 7.4 米，三间四柱，两端柱子是立在殿墙内的暗柱。进深 5.1 米，两根明柱分别由三根长木合一而成，形成长 5.2 米、直径 0.50 米的粗长柱子，柱栌一个为卷云纹，一个为卷草纹，风格古朴。殿内南、西、北建有佛台，主供释迦牟尼佛（图 3-3，图 3-4）。

神殿四壁满绘壁画。南壁大门上方为长寿三尊（无量寿佛、白度母、尊胜佛母），南壁东侧壁画已毁，南壁西侧中间为强久赤列杰布（地方护法神）及随从，上方分别为文殊和阿底峡尊者（图 3-5）。西壁主像为绿度母，四周为部分三十五佛（图 3-6）。北壁西侧主像为宗喀巴师徒三尊，东侧主像为药师佛，周围穿插着部分三十五佛（图 3-7）。东壁主像为释迦牟尼及弟子，两侧为部分三十五佛（图 3-8）。整个壁画的主要题材为释迦牟尼及弟子、药师佛、三十五佛、绿度母、格鲁派的师徒三尊、地方护法神，为格鲁派寺庙常见的壁画题材，从风格上看，应为晚近的作品。

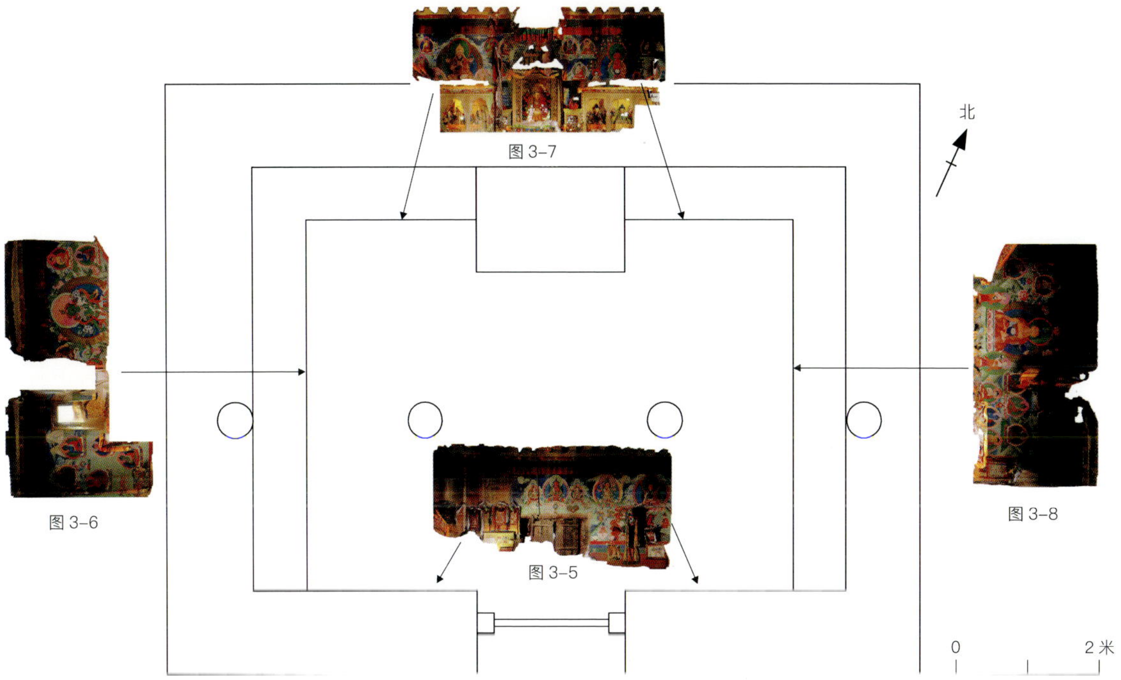

图 3-3　巴朗曲康建筑平面及壁画位置图

图 3-4　巴朗曲康神殿内景

图 3-5　巴朗曲康神殿南壁壁画

图 3-6　巴朗曲康神殿西壁壁画

图 3-7　巴朗曲康神殿北壁壁画

图 3-8　巴朗曲康神殿东壁壁画

第4章

桑日县恰嘎曲德寺

恰嘎曲德寺（ཆགས་དགའ་ཆོས་བསྡེ་དགོན།）位于桑日县绒乡巴朗村，北纬 29° 13′ 33.1″，东经 92° 00′ 41.3″，海拔 3577 米。

据寺院门厅寺志记载，藏历火牛年（1577 年），第三世达赖喇嘛索南嘉措前往蒙古时途经此地，山南拉加里法王拉·索朗若点请他前往王宫，三世达赖旨意在此建立格鲁派道场，1589 年，请来了有名的占卜星算家南嘎加措，设计并兴建了恰嘎·扎西诺点寺（最初寺名），拉加里王给予修建道场的一切资助。此后达布扎仓的活佛赤苏克珠·强巴丹巴做了该寺的常住活佛，并主持显密宗教仪式。约 18 世纪，在甘丹赤巴·阿旺罗布的转世活佛阿旺洛桑·土丹尼玛·白依桑布的授意下，进行了一次大规模的维修。不仅主殿得以扩建，还使附近的一些寺庙成了恰嘎曲德寺的属寺，此后就没有进行过大的维修。“文革”期间，除主殿外，其余建筑皆毁。20 世纪 80 年代后，寺庙得到重修。现为自治区级文物保护单位（图 4-1，图 4-2）。

寺庙主殿坐北朝南，高三层，底层为半地穴式储藏房。二层高出地面，由四级石阶和三排斜搭木梯直通经堂门厅。

门厅有 2 根柱子，墙面皆绘有壁画。南壁西侧为寺志和修寺的施主名录（图 4-3）；西壁门框上方为文殊、度母、金刚手三怙主小像，金刚手旁边为大鹏鸟，北侧为轮回图（图 4-4）；北壁大门两侧为四大天王，西侧门楣上方有五尊小像，

图 4-1　恰嘎曲德寺航拍图

图 4-2　恰嘎曲德寺外景

中间三尊为宗喀巴师徒，两端分别为普贤菩萨和妙音天女（图 4-5，图 4-6）；东壁北侧为绿度母及眷属，南侧为狮面空行及化身（图 4-7）；南壁东侧为长寿五姊妹，分别执掌福寿、先知、农田、财宝和牲畜（图 4-8）。这部分壁画皆为现代所绘。

门厅之后为大经堂，大经堂面阔五间四柱，进深五间四柱。中间两根长柱支撑起天井。大经堂北壁主供释迦牟尼及弟子、宗喀巴师徒和五世达赖塑像，东、南、西三面墙体皆绘有壁画（图 4-9，图 4-10）。东壁北侧壁画已毁，南侧壁画尚存，保存部分的北端为龙王（被塑像遮挡），南端为财神，中间为十六罗汉中的八位（图 4-11）；南壁东侧有三尊主像，自东向西分别为贡巴却珠（六臂依怙）、吉祥天母、地方护法（四方主人）（图 4-12）；南壁西侧，自东向西，第一尊神像原是称为“薛旦”的地方神，供养它会带来好运，但供品要很多，会影响下辈子，壁画被当地人抹去；接着是一个小木门，门楣上为五部佛；西端为一个咒印，由剑、三头鸟、经书组成，为宁玛派、格鲁派所崇尚（图 4-13）。西壁南端为阎罗王，接着为十六罗汉中的八位，题材与东壁相对应，西壁北侧壁画已毁（图 4-14）。

天井的西、北、东三壁也绘为壁画。

西壁南侧主像为松赞干布，北侧主像为三世达赖索南嘉措，在松赞干布北侧及三世达赖北侧上方为长寿三尊（无量寿佛、白度母、尊胜佛母）小像，松赞干布南侧上方为狮面空行，下方神祇不清；三世达赖左下方为本寺活佛阿旺洛布（即阿旺洛桑·土丹尼玛·白依桑布），右下方为寺庙第一辈活佛强巴旦巴（图 4-15）。

北壁中间主像为释迦牟尼及弟子，西侧主像为阿底峡及弟子俄·勒贝喜饶、仲敦巴，东侧主像为宗喀巴及弟子贾曹杰、克珠杰，主像之间有“该珠曲尼”（二圣六庄严）小像（图 4-16）。

东壁北侧主像为十三世达赖，下方两尊小像人名不清；南侧主像为五世达赖，下方分别为固始汗、得斯·桑结嘉措（五世达赖去世后的摄政王）（图 4-17）。

经堂壁画和天井壁画风格一致，绘制精美，应为同一时期。根据壁画中出现本寺活佛阿旺洛布的像，推测为 18 世纪阿旺洛布进行大规模维修时所绘制，局部为晚近补绘。经堂北面为佛殿，壁画均为线绘狮子颊佛（佛三十二相之一），高 40 厘米，年代也可能为 18 世纪（图 4-18，图 4-19）。三层天井的东、南、西三面皆为僧舍，北面为一间佛殿，殿内无壁画。

图 4–3　恰嘎曲德寺门厅南壁西侧壁画

图 4–4　恰嘎曲德寺门厅西壁壁画

图 4–5　恰嘎曲德寺门厅北壁西侧壁画

图 4-6　恰嘎曲德寺门厅北壁东侧壁画

图 4-7　恰嘎曲德寺门厅东壁壁画

图 4-8　恰嘎曲德寺门厅南壁东侧壁画

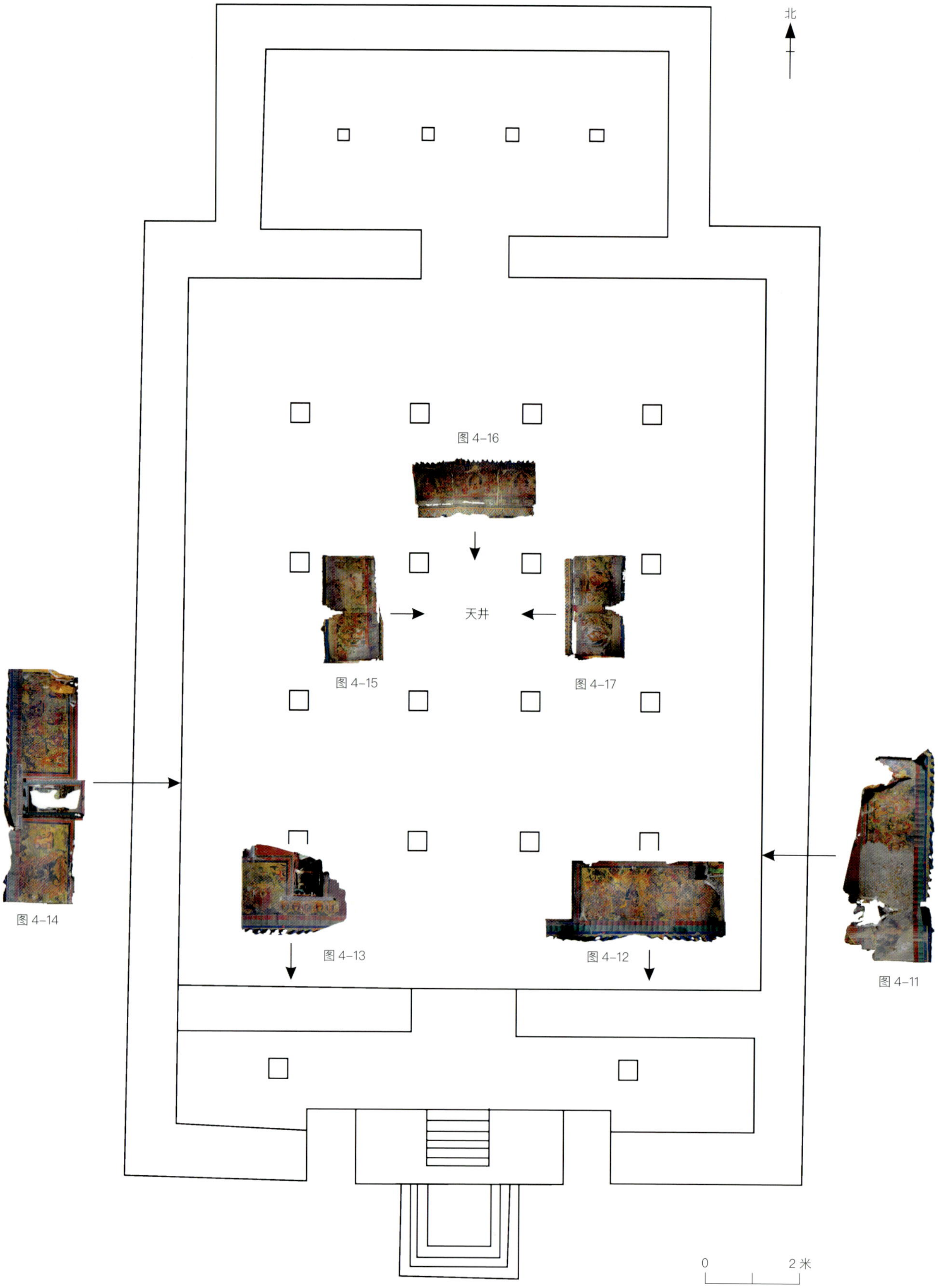

图 4-9　恰嘎曲德寺二层建筑平面及壁画位置图

图 4-10　恰嘎曲德寺经堂

图 4-11　恰嘎曲德寺经堂东壁南侧壁画

图 4-11 局部

图 4-12　恰嘎曲德寺经堂南壁东侧壁画

图 4-13　恰嘎曲德寺经堂南壁西侧壁画

图 4-12　局部

图 4-13　局部

图 4–14　恰嘎曲德寺经堂西壁南侧壁画

图 4-14　局部

图 4-14　局部

图 4-15　恰嘎曲德寺经堂天井西壁壁画

图 4-16　恰嘎曲德寺经堂天井北壁壁画

图 4–17　恰嘎曲德寺经堂天井东壁壁画

图 4–18　恰嘎曲德寺佛殿局部壁画

图 4–19　恰嘎曲德寺佛殿局部壁画

第5章

曲松县朗真寺

朗真寺（རྣམ་མགྲིན་དགོན།）位于曲松县下江乡朗真村，北纬 29° 13′ 11.6″，东经 92° 14′ 24.0″，海拔 4021 米。

朗真寺是雅隆地区一座重要的噶举派寺院，始建于 13 世纪后半叶至 14 世纪初，噶玛噶举派黑帽系第四世活佛乳必多杰（1340～1383 年）曾任过该寺住持。乳必多杰为工布地方人，被认定为让迥多吉的转世，在楚布寺承接法位，1359 年元顺帝诏其进京，经过青海宗喀地方时，为年仅三岁的宗喀巴授近事戒，1383 年圆寂于工布地方。噶举派时期的建筑位于现杜康大殿西北侧，仅存殿墙残段。第五世达赖时期，寺院改宗格鲁派，由吉·尊丹益西任寺院堪布，并扩建了寺院建筑。当时有僧侣 60～70 人，与拉萨三大寺（哲蚌寺、色拉寺、甘丹寺）保持着密切的关系。现存寺院主体建筑杜康大殿正是这个时期的建筑，虽经多次维修，基本形制未变。约在 19 世纪后期，格桑达吉担任该寺住持，其后有格桑群培、阿旺罗桑确吉坚赞活佛转世传承，后归拉加里法王统辖，成为拉加里法王管辖的九座寺庙之一。“文革”期间，大殿作为县粮库而免遭破坏，建筑及壁画得以保存至今。2009 年，该寺被公布为自治区级文物保护单位（图 5-1，图 5-2）。

主体建筑杜康大殿位于寺庙东部，坐东朝西，为二层平顶建筑，一层为门厅、经堂、佛殿、护法殿等，二层有活佛寝宫及库房等。

门厅面阔 9 米，进深 2 米，前立两根檐柱，有新绘的四大天王壁画。

经堂面阔七间六柱 17.4 米，进深六间五柱 13.6 米，中央两长柱撑起天井。经堂东壁供有三世佛塑像，南、西、北三壁绘有壁画（图 5-3，图 5-4）。西壁除正门外，在西南角又辟一小门，作为日常进出使用，壁画的布置似乎与这两个门的设置相对应。

图 5-1　朗真寺航拍图

图 5-2　朗真寺杜康大殿外景

南壁自西向东，分别为轮回图、吉祥天母、阎王、六臂护法、弥勒佛（两侧有十六罗汉中的八位）、“官立”（遍知佛）、白伞盖（被遮挡）（图 5-5）。

西壁南侧，由南向北分别是红面狱卒、地方护法、噶举派护法；西壁北侧，由南向北分别是护法神（？）、八大部洲坛城、丹玛女神（图 5-6）。

北壁自西向东，分别是护法神（？）、护法神（？）、“喜吉贡巴”（萨迦派护法）、“贡巴班那”（噶举派护法）、燃灯佛（两侧有十六罗汉中的八位）、大威德金刚、密集金刚、胜乐金刚（图 5-7）。

经堂壁画题材为格鲁派依次第所修部类的神祇和本尊，体现了成熟时期格鲁派壁画的程式，应为 17 世纪吉・尊丹益西修建杜康大殿时所绘制，局部为后期修补。

经堂天井南、北壁皆绘有壁画，北壁主像为第五世达赖，右侧为格鲁派历代高僧，左侧身着蒙古官服的人像，似为固始汗，左上方绘白度母像（图 5-8）；南壁为无量光佛“西方净土变”，描绘西方极乐世界重楼叠轩、池水净莲的场景，右侧绘有格鲁派历代高僧（图 5-9），应属晚近作品。

经堂后接佛殿和护法神殿。佛殿供三世佛塑像。护法殿四壁绘有各种依怙神像，黑底，用红、黄色线条勾绘形象，其中西壁门两侧各有一个“阿则勒”（游方僧），一个是印度的“伽阿则”，一个是西藏的“潘阿则”，上方为供品（图 5-10）；北壁上方是“吉隆克赛”（执杖的比丘）、“那巴帕布”（手执橛子的咒师），下方是“杰巴古朵”（手执投石器的童子），皆为护法者（图 5-11）；东壁北侧为红面狱卒（图 5-12），为本寺护法；南壁主像为“杰巴持古托巴”（持剑将军），下方为“协巴措巴”（摔发打人的魔女）（图 5-13）。这部分壁画似为新绘。

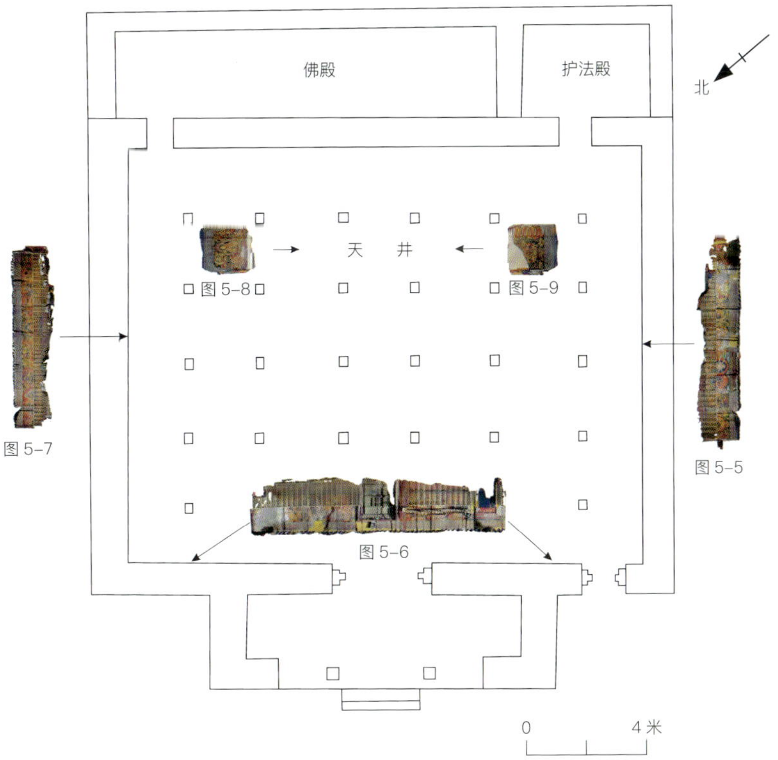

图 5-3 朗真寺杜康大殿建筑平面及壁画位置图

图 5-4 朗真寺经堂

图 5-5　朗真寺经堂南壁壁画

图 5-6　朗真寺经堂西壁壁画

图 5-7　朗真寺经堂北壁壁画

图 5-8　朗真寺经堂天井北壁壁画

图 5-9　朗真寺经堂天井南壁壁画

图 5-10 朗真寺护法殿西壁壁画

图 5-11 朗真寺护法殿北壁壁画

图 5-12　朗真寺护法殿东壁北侧壁画

图 5-13　朗真寺护法殿南壁壁画

第6章

曲松县拉加里王府宫殿

拉加里王府宫殿（ལྷ་རྒྱ་རིའི་ཕོ་བྲང་།）位于曲松县城南侧的高台地北缘，海拔 3880 米，2001 年列为全国重点文物保护单位。

拉加里王系是西藏历史上一支独立的地方割据势力，其先祖为吐蕃王室后裔鄂松的嫡系。公元 10 世纪后，该王系在山南曲松一带逐渐发展起来，历经萨迦王朝（约 1255～1353 年）、帕竹王朝（1354～1617 年），一直保持着相对独立的统治特权，直至 1959 年西藏民主改革之前，拉加里王系还统辖有拉加里、桑日、加查、隆子四个宗的广大地区（图 6-1，图 6-2）。

新宫“甘丹拉孜”是拉加里王宫现存建筑的主体部分（图 6-3），第二层门厅北壁，尚存依稀壁画（图 6-4，图 6-5）。东侧白宫第三层，东壁尚留 0.5 平方米局部壁画（图 6-6），北壁尚留 1 平方米局部壁画（图 6-7）。壁画以黑色为底，用黄线勾勒形象，以红、白色填充，内容为各种依怙神像，年代不清。

王宫建筑是西藏古代建筑中的一个重要门类，完整保存至今者十分罕见。拉加里王府宫殿建筑基本保持了原有的平面布局和建筑结构。但经过多次修葺，宫殿内壁画已几乎消失殆尽，从零星的残迹中依稀可见当年的风格，因此值得珍视。

图 6-1　拉加里王府航拍图

图 6-2　拉加里王府新宫外景

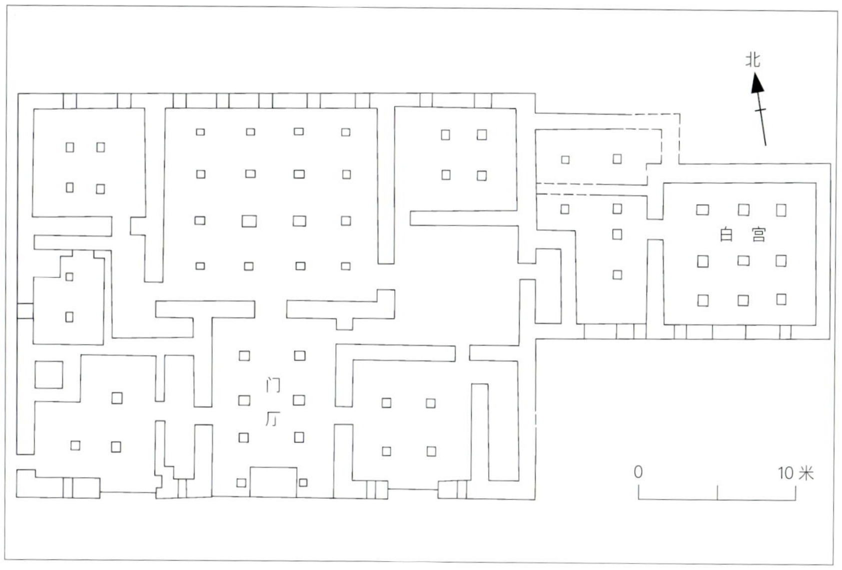

图 6-3　拉加里王府新宫二层建筑平面图

图 6-4　拉加里王府新宫二层门厅北壁壁画

图 6-5　拉加里王府新宫二层门厅北壁壁画

图 6-6　拉加里王府白宫三层东壁壁画

图 6-7　拉加里王府白宫三层北壁壁画

第7章

乃东县昌珠寺

图 7–9　乃定拉康一层北壁壁画

图 7–10　乃定拉康一层东壁壁画

第7章

乃东县昌珠寺

昌珠寺（ཁྲ་འབྲུག་དགོན།）位于乃东县昌珠镇政府驻地，地处贡布日山西侧、雅砻河东岸，北纬 29° 11′ 37.1″，东经 91° 46′ 18.5″，海拔 3590 米。

昌珠寺始建于 7 世纪松赞干布时期，系吐蕃最早兴建的镇边寺庙之一。昌珠寺最初的规模很小，后经三次大规模的修缮和扩建：帕竹地方首领司徒·强曲坚赞（1302 ~ 1364 年）于 1351 年曾对该寺加以修建，奠定了后来的格局。五世达赖时期曾对该寺作过较多修缮和增建，加盖了大殿金顶、错钦大殿的门楼和前庭院南侧的桑阿颇章。七世达赖格桑嘉措亦曾修缮此寺。经过多次修缮和扩建后的昌珠寺，规模宏大，1961 年公布为第一批全国重点文物保护单位。“文革”时期，昌珠寺除被用作粮食仓库和僧人居住的少数建筑外，绝大多数建筑荡然一空。2002～2011 年，政府对该寺进行了全面的保护维修（图 7–1）。

寺庙以措钦大殿为中心，建筑分为前后两部分。前部为一庭院，长 23.6 米，宽 16 米，周围一圈回廊，回廊上层为僧房。回廊壁画大部分为新绘，局部留下旧壁画的痕迹（图 7–2～图 7–4）。庭院后部为措钦大殿为中心的拉康大院，现存建筑和壁画皆为新建新绘。

寺庙东南侧有一小殿，名“乃定拉康”，相传是松赞干布和文成公主曾经居住过的房子，他们夏天住在雍布拉康，冬天住在这里，“乃定”即有“居所”之意。“文革”时期，乃定拉康因作为粮库而得以保存，现仍作仓库使用，堆满了粮食、酥油等物，至今未向公众开放。这次调查期间，殿内壁画正在依旧迹修补，这是昌珠寺现存最珍贵的古代壁画，以前的各类资料中皆未提及（图 7–5，图 7–6）。

乃定拉康为石木结构，高二层，门向东，习惯上将第一层称“乃定学”，第二层称“乃定当”。

第一层东西长 10.2 米，南北宽 7.3 米，内有六柱，木构建筑及柱子风格古朴，相传为松赞干布和文成公主的居所之所。殿内西壁原是安放莲花生法座之处，供奉神像甚多，已不存。现四壁皆绘有壁画，题材是从聂赤赞普到朗达玛为止的吐蕃历史故事，壁画漫漶不清，细部难以释读，壁画的年代不详（图 7–7～图 7–10）。

第二层面积与第一层相当，分前后室，前室为门厅，后室有四柱，主供莲花生，四壁皆有壁画。这是与莲花生经典有关的壁画，由几个部分组成一个完整的图像体系。这部分壁画的释读，得益于西藏唐卡大师普布次仁亲自指点，普布次仁老师拿着一本印刷体藏文经书（可惜没有问清具体的名称），对照着诵念一段经文，每一部分都带着让信众心想事成的意蕴，从而将壁画的精神完整地传达出来了。具体内容分述如下：

1.东壁南侧，以大日如来为中心的五部佛，由左向右，按顺时针方向，分别是南方宝生佛、西方阿弥陀佛、北方不空成就佛、东方阿閦佛。左下方为“多吉生巴”（金刚萨埵）。金刚萨埵与普贤菩萨同体而异名，是藏传密宗又一位本初佛。藏密认为，大日如来为第一祖，金刚萨埵为第二祖，从此意义上，他与金刚手是同一尊佛，只是造像上有所区分。壁画的左下角，有生者、老者、病者、死者的形象，代表了人的生老病死；右下角有地狱、人间、极乐世界的情景，代表了六道轮回。这部分壁画带有佛教哲学的意蕴。东壁北侧，是莲花生居住的铜乐山和无量光佛所在的西方天国，当信徒在濒临死亡之际，诵念相应的经文咒语，可以投生于西方极乐世纪。右侧人像为当时山南地区的首领是益西土丹（图 7–11）。

2. 南壁。东端上方是以大日如来为中心的五部佛，下方是莲花生变化身，呈愤怒相。整个南壁的主体是经典中所描述的故事情景，如遇到妖

图 7–1　昌珠寺外景

图 7-2　昌珠寺措钦大殿庭院回廊局部壁画

图 7-3　昌珠寺措钦大殿庭院回廊局部壁画

图 7-4　昌珠寺措钦大殿庭院回廊局部壁画

图 7-5　昌珠寺乃定拉康外景

魔鬼怪时，诵念相应的咒语可得到解脱（图 7-12）。

3. 西壁原来是安置莲花生法座之处。南端主像是莲花生像。中间部分主像为莲花生及两妃，主像左上方为赤松德赞，旁边可能是松赞干布，右侧有阿底峡、宗喀巴像。西壁北端与北壁西端构成一个组合，为莲花生及其变相的八大药师佛，下方还有一尊无量光佛，意为遇到疾病时，如念相应的咒语，可以获益（图 7-13）。

4. 北壁主像为莲花生及二妃像和莲花生的各种愤怒相，主题是经典中的情景描绘，意为遇到蛇、虎等各种危险时，通过诵念相应的咒语，可以获益（图 7-14）。

据普布次仁老师介绍，这部分壁画为五世达赖执政时期所绘，画师是五世达赖上师的弟弟洛钦却巴嘉措。此外，敏珠林壁画、布达拉宫龙王谭壁画也出自这位画师之手。

图 7-6　昌珠寺乃定拉康建筑平面及壁画位置图

图 7–7　乃定拉康一层南壁壁画

图 7–8　乃定拉康一层西壁壁画

图 7-9　乃定拉康一层北壁壁画

图 7-10　乃定拉康一层东壁壁画

图 7-11　乃定拉康二层东壁壁画

图 7-11　局部

图 7–11　局部

图 7-12　乃定拉康二层南壁壁画

图 7-13　乃定拉康二层西壁壁画

图 7–12　局部

图 7-12　局部

图 7-14　乃定拉康二层北壁壁画

图 7–14　局部

[illegible]

[illegible]

第8章

乃东县甘丹曲果林寺

甘丹曲果林寺（དགའ་ལྡན་ཆོས་འཁོར་གླིང་དགོན།）位于乃东县泽当镇，北纬 29° 14′ 37.4″，东经 91° 46′ 40.5″，海拔 3615 米。

甘丹曲果林寺的前身是“彭得列谢林”，建于七世达赖格桑嘉措（1708～1757 年）时期，是噶玛噶举派红帽系寺院。该寺因反对颇罗鼐（1689～1747 年）的统治，受到颇罗鼐的镇压，被迫改宗格鲁派，寺院也改名为“甘丹曲果林”。原来寺院建筑陈旧狭小，现存甘丹曲果林主殿为甲央顿珠等人于 1900～1912 年间在原址的东边重建（图 8–1，图 8–2）。

主殿为三层石木建筑，坐北朝南，一层门厅有六柱。经堂面阔七间六柱，进深六间五柱，中央柱子直达二层，形成天井。经堂的柱子及横木上，刻有云纹、龙纹、莲花纹、花瓣纹等图案。经堂四壁绘满壁画，皆为新作。

天井东、北、西三壁皆有旧壁画。其中东壁为宗喀巴及化身像，共有五尊，与如来佛选择降诞人间的“五照见”（国王、种族、氏族、生母、时世）概念有关（图 8–3）。北壁中间为释迦牟尼及弟子，西侧为阿底峡及弟子俄・勒贝喜饶、仲敦巴，东侧为宗喀巴及弟子贾曹杰、克珠杰，主像之间皆为格鲁派大师（图 8–4）。西壁为无量光佛极乐世界，右为白度母（图 8–5）。这部分壁画年代为 20 世纪初的重建时期。

经堂东西两侧各有一间长方形的佛殿。北侧有三间佛殿，中间佛殿主供宗喀巴师徒塑像（图 8–6），无旧壁画。二层围绕天井为僧舍。三层也有一间佛殿。

图 8–1　甘丹曲果林寺外景

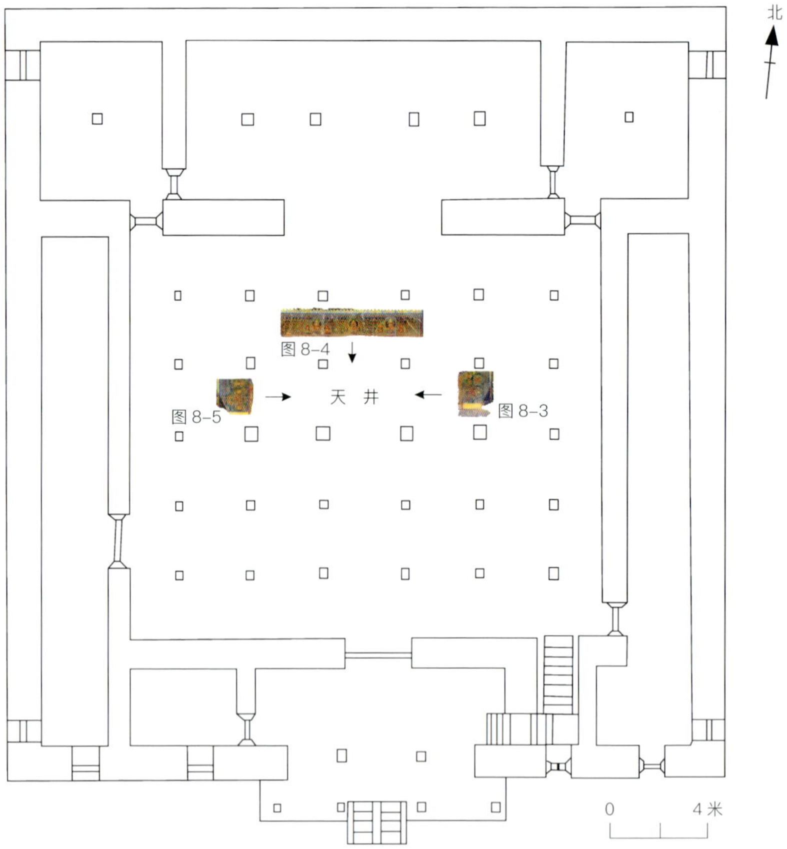

图 8–2　甘丹曲果林寺主殿建筑平面及壁画位置图

图 8-3　甘丹曲果林寺经堂天井东壁壁画

图 8-4　甘丹曲果林寺经堂天井北壁壁画

图 8-4　局部

图 8–5　甘丹曲果林寺经堂天井西壁壁画

图 8-6　甘丹曲果林寺佛殿旧佛座

第9章

乃东县哲布林寺

哲布林寺（འབྲས་བུ་གླིང་དགོན།）位于乃东县泽当镇原榨油站院内，贡布日山脚下，北纬 29° 14′ 41.9″，东经 91° 46′ 54.8″，海拔 3571 米。

哲布林寺由萨迦派喇嘛丹巴索南坚赞（1312～1375 年）创建，1940 年，当时的堪布喇嘛对寺院进行过重修，现仍为萨迦派寺庙（图 9-1，图 9-2）。

哲布林寺东西长 37.5 米，南北宽 27 米，前有门庭，主殿坐西朝东，前有门厅，尚残存局部旧壁画的痕迹（图 9-3，图 9-4）。经堂面阔五间四柱，进深五间四柱。西侧设有佛台，原主供弥勒佛 8 岁等身像，左右供多吉桑巴、释迦牟尼、萨班·贡噶坚赞、卓滚曲德帕、萨钦·贡噶宁布、吉尊索朗择木、吉尊扎巴坚赞等塑像，现已不存（图 9-5）。四壁原有壁画，现已不存。经堂的天井西壁尚有局部旧壁画（图 9-6，图 9-7）。

主殿二层皆为小房，西边正中较大的房间曾是达赖喇嘛的下榻处，正面有宽敞的窗户，东边小房是堪布的住所，现皆已坍败。

图 9-1　哲布林寺外景

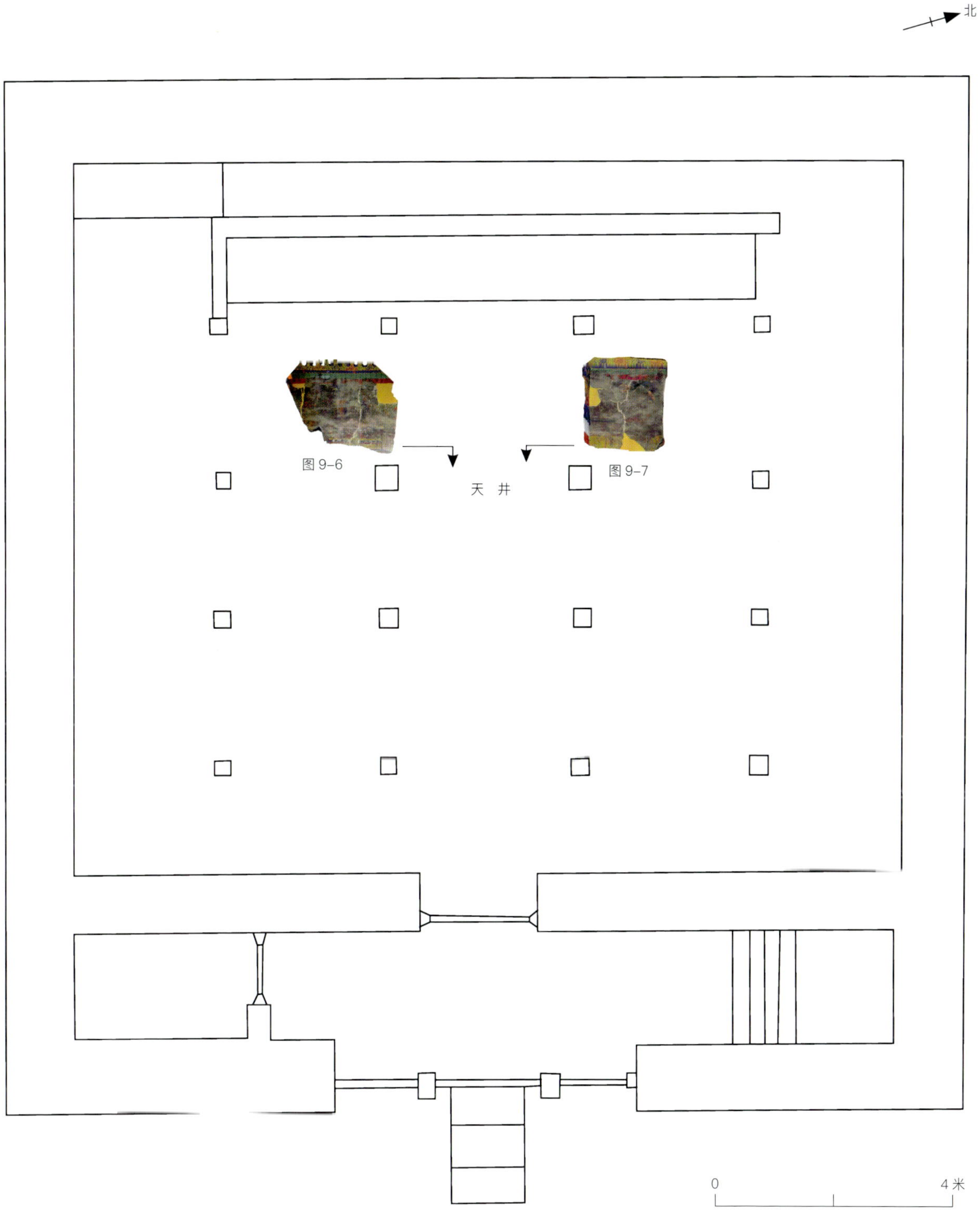

图 9-2 哲布林寺一层建筑平面及壁画位置图

图 9-3　哲布林寺门厅局部壁画

图 9-4　哲布林寺门厅局部壁画

图 9-5　哲布林寺经堂

图 9-6　哲布林寺经堂天井西壁局部壁画

图 9-7　哲布林寺经堂天井西壁局部壁画

第10章

乃东县曲德沃寺

曲德沃寺（ཆོས་སྡེ་འོག་དགོན།）位于乃东县亚堆乡曲德沃村，北纬 28° 58′ 36.9″，东经 91° 52′ 52.9″，海拔 3933 米。

曲德沃寺最早为五世达赖罗桑嘉措（1617～1682 年）来亚堆礼佛时的住地和讲经场所，七世达赖格桑嘉措（1708～1757 年）时进行扩建，形成现在的规模，建筑保存较好（图 10-1，图 10-2）。

曲德沃寺主殿建筑共三层，第一层建于地面以下，第二层有门厅、经堂和佛殿等部分组成（图 10-3）。门厅有 4 根柱子，四周遍绘壁画：

① 西侧南墙的东面为轮回图（图 10-4）；

② 西侧南墙的北面为建寺功德名录（图 10-5）；

③ 西壁为地方护法神“难庆支码”和四大天王中的西方广目天王（图 10-6）；

④ 北壁为四大天王中的北方多闻天王、东方持国天王（图 10-7）；

⑤ 东壁北侧为四大天王中的南方增长天王，南侧为雅拉香波土地神（图 10-8）；

⑥ 东侧南墙的北面，上方为圣僧图（表示三怙主，亲教、轨范、法王三尊和翻经译师等的西藏佛教传统壁画之一。剑表示文殊菩萨和赤松德赞，经函表示金刚手菩萨，中央莲花表示观音菩萨和莲花生，双头黄鸭表示堪布寂护，双头鹦鹉表示译师。参见《藏汉大辞典》，第 1481 页）。左下方六长寿（？），右下方为和气四瑞（为传统吉祥图案，有大象、猴子、山兔、羊角鸡等四种动物，互相尊重，和睦相处，招致地方安宁，

图 10-1　曲德沃寺航拍图

人寿年丰。参见《藏汉大辞典》，第 1212 页）(图 10-9)；

⑦ 东侧南墙的西面，为地方护法神“难庆斯措”(图 10-10)。

门厅部分壁画的年代不详。

经堂面阔五间，进深五间，共 16 柱，中间两柱撑起天井。经堂后部有佛殿，主供释迦牟尼及弟子，左右有十六罗汉、八大药师佛等塑像。壁画皆为新作。

第三层有达赖的卧室，为达赖冬季念经居住处（图 10-11)。三层护法殿有一柱，门向南，南壁壁画为南方功德大王及随从、供品（图 10-12)。西壁南侧为“当钦多吉生巴”（护法大将军或骑狮护法，为宁玛派莲花生收服的护法神），北侧为“萨钦久”（遍入天）(图 10-13)。这部分壁画为黑地黄线绘制，年代不详。

图 10-2　曲德沃寺外景

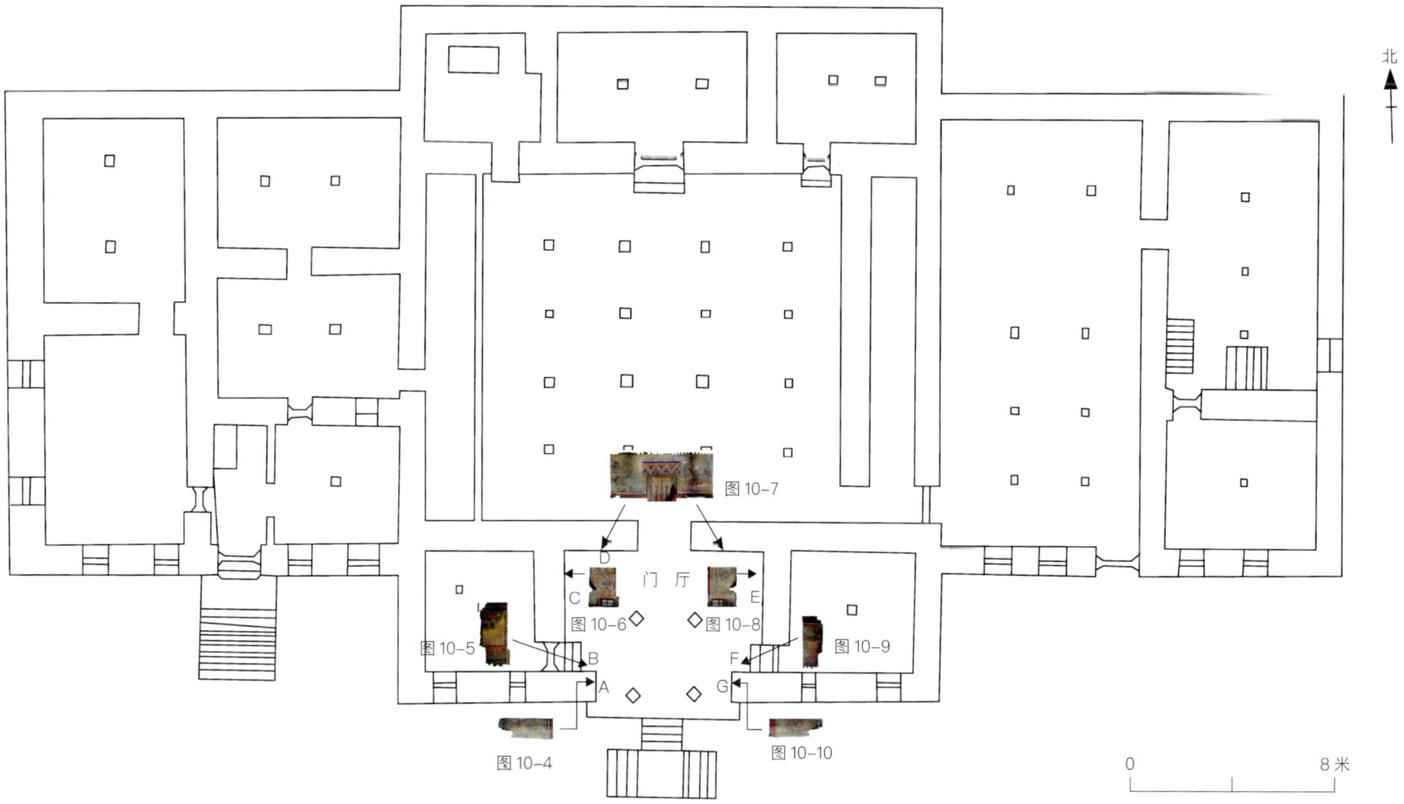

图 10-3　曲德沃寺二层建筑平面及壁画位置图

图 10-4　曲德沃寺二层门厅西侧南墙的东面（A）壁画

图 10-5　曲德沃寺二层门厅西侧南墙的北面（B）壁画

图 10-6　曲德沃寺二层门厅西壁（C）壁画

图 10-7　曲德沃寺二层门厅北壁（D）壁画

图 10-8　曲德沃寺二层门厅东壁北侧（E）壁画

图 10-9　曲德沃寺二层门厅东侧南墙的北面（F）壁画

图 10-10　曲德沃寺二层门厅东侧南墙的西面（G）壁画

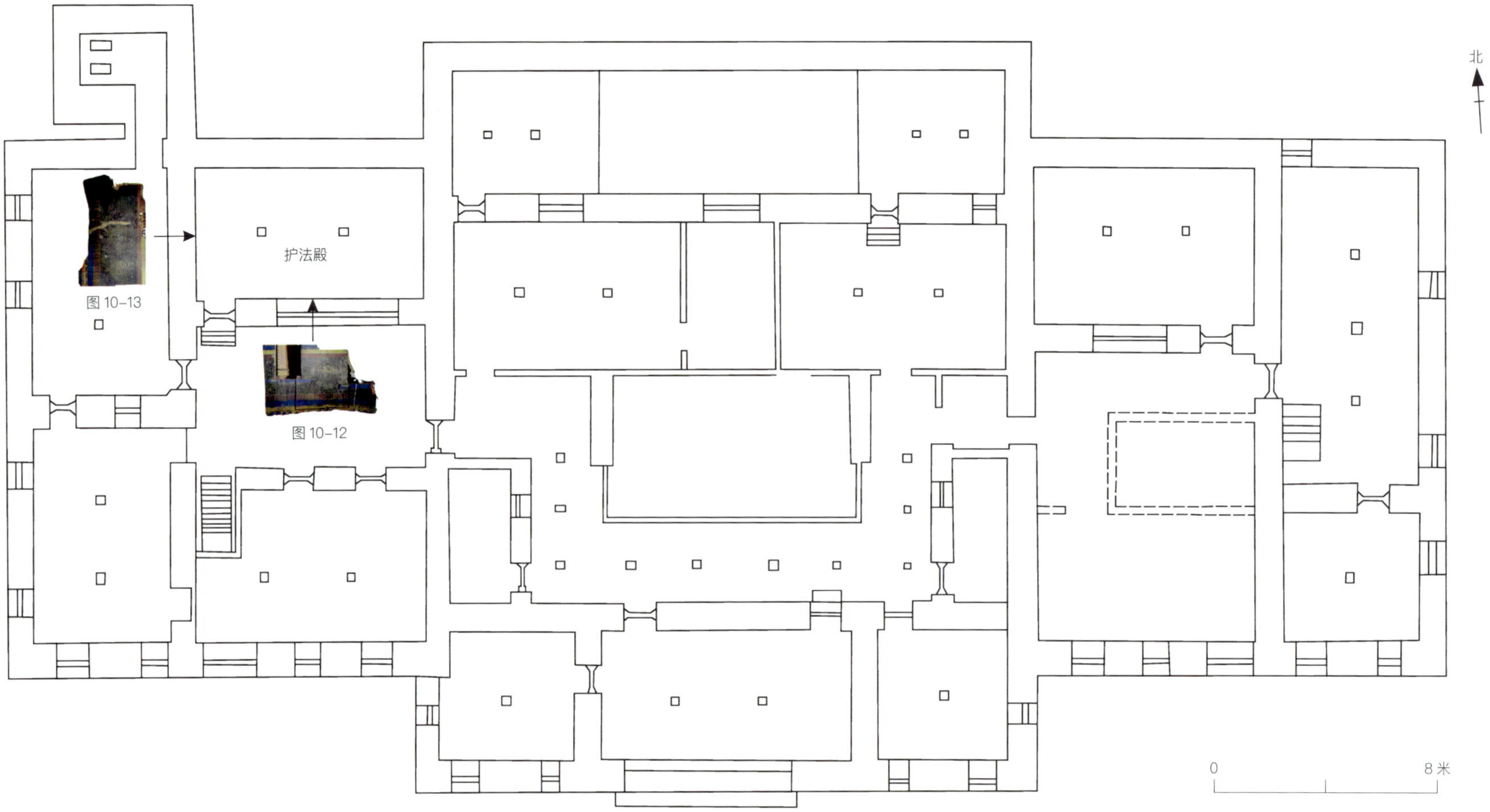

图 10-11　曲德沃寺三层建筑平面及壁画位置图

图 10-12　曲德沃寺三层护法殿南壁壁画

图 10-13　曲德沃寺三层护法殿西壁壁画

第11章

乃东县曲德贡寺

曲德贡寺（ཆོས་སྡེ་གོང་དགོན།）位于乃东县亚堆乡曲德贡村，北纬 28° 58′ 36.9″，东经 91° 52′ 52.9″，海拔 3988 米。曲德贡寺，又称达杰林寺（《卫藏道场胜迹志》中，称此地为“达坚的河谷”，可能为此地旧名）。

曲德贡寺约建于 14 世纪，最初是大译师热罗泽瓦的住宅，属格鲁派，十三世达赖喇嘛（1876～1933 年）时扩建成现在规模，寺院东西 131.8 米，南北 91 米，外有一周高两层的僧舍楼房，寺门从僧房下面穿通而过，寺外山坡上有几十米长的晒佛台。曲德贡寺于 20 世纪 50 年代被废弃，1982 年以后，政府对曲德贡寺进行多次保护维修，基本上恢复了原来格局。2007 年公布为自治区级文物保护单位（图 11–1，图 11–2）。

曲德贡寺主体建筑为坐北朝南的四层大殿，底层为地下库房和供人居住的小房。第二层为主要的宗教场所，由门厅、经堂、佛殿等组成（图 11–3，图 11–4）。

门厅有两根柱子，四周遍绘壁画：

① 西侧南墙南壁为回文诗（一种字声修辞方法）（图 11–5）；

② 西侧南墙东壁为修寺捐款者功德名单（图 11–6）；

③ 西侧南墙北壁为财神（图 11–7）；

④ 西壁为轮回图（图 11–8）；

⑤ 北壁为四大天王（图 11–9）；

⑥ 东壁为勇健夜叉（图 11–10）；

⑦ 东侧南墙北壁为财神牵羊，象征招财进宝（图 11–11）；

⑧ 东侧南墙西壁为戒律图（图 11–12）；

图 11–1　曲德贡寺航拍图

图 11-2　曲德贡寺主殿外景

⑨ 东侧南墙南壁为十相自在（由七个梵文和三个图形联合组成，标志密乘本尊及其坛场和合一体的一个图文。参见《藏汉大辞典》，第1565页）(图 11-13)。

大经堂面阔七间，进深六间，中间四根高柱直通第三层，形成天井。

经堂东南西三壁皆有壁画，以大像为中心，画面的主要题材皆为释迦牟尼传记，内容丰富，尤其可贵的是，每组壁画旁还注有藏文说明。东壁大像，自北向南分别为五世达赖、药师佛、释迦牟尼及弟子、药师佛 (图 11-14)；南壁大像，自东向西分别为药师佛、护法神“乃穷克玛”、雅拉香波山神、药师佛 (图 11-15)；西壁大像，自南向北分别为药师佛、药师佛、药师佛、宗喀巴及弟子 (图 11-16)。

天井的北壁和西壁皆有壁画，北壁中间为释迦牟尼及弟子，两侧为宗喀巴师徒及格鲁派上师 (图 11-17)；西壁主像为五世达赖，左上角为文殊，右上角为白度母，左下角为内地及蒙古来贺的众王子，下方为吉祥天母，右下侧为德斯·桑吉嘉措（五世达赖之后的摄政王）(图 11-18)。

门厅、大经堂和天井壁画的年代，应为十三世达赖喇嘛时期。

大经堂后有三间佛殿，皆无壁画。西佛殿北墙主供燃灯佛、弥勒佛、释迦牟尼三尊，西墙有莲花生、赤松德赞、堪钦菩提萨埵三尊；中佛殿北墙主供宗喀巴及弟子贾曹杰、克珠杰，两侧有观音、莲花生、上师等；东佛殿北墙主供无量寿佛、持金刚、白度母，此外还有八佛及金刚萨埵等。

第三层设有多个殿堂 (图 11-19)，供奉有持金刚塑像、五世达赖的医生罗桑曲扎塑像及灵塔、千手千眼观世音、二十一尊度母等。过去每年夏天达赖均要来此念经，此处设有达赖的住室。西北角的护法殿分为内外两间，遍绘壁画：

① 外间南壁，中间为坛城，西端为龙王，其他为护法神的助手（动物）和法器等 (图 11-20)；

② 外间东壁，南端为一武士，东端有一匹马，上方是供品（血、头颅等），供品下方为供养人 (图 11-21)；

③ 外间北壁东端为护法神“念切八苏”(图 11-22)；

④ 内间西壁南侧为四方功德大王（护法），北侧为狮面骑羊护法 (图 11-23)；

⑤ 内间南壁东侧为骑象护法“拉准云丹结布”，西侧为护法神“内勒孜玛”(图 11-24)。

护法殿壁画年代不详。

第四层为僧房。

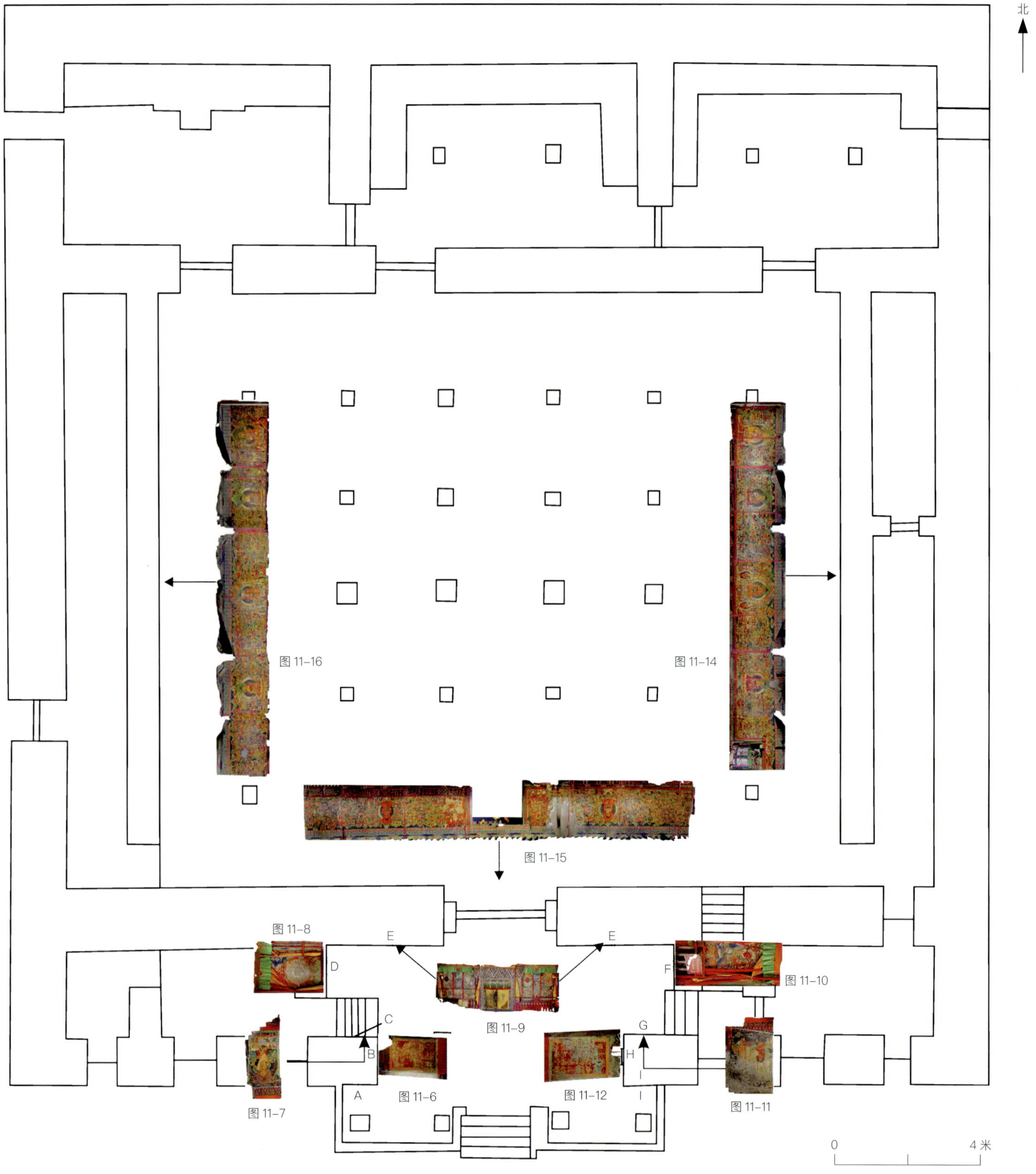

图 11-3　曲德贡寺主殿二层建筑平面及壁画位置图

图 11–4　曲德贡寺经堂

图 11-5　曲德贡寺门厅西侧南墙南壁（A）壁画

图 11-6　曲德贡寺门厅西侧南墙东壁（B）壁画

图 11-7　曲德贡寺门厅西侧南墙北壁（C）壁画

图 11-8　曲德贡寺门厅西壁（D）壁画

图 11–9　曲德贡寺门厅北壁（E）壁画

图 11–10　曲德贡寺门厅东壁（F）壁画

图 11–11　曲德贡寺门厅东侧南墙北壁（G）壁画

图 11–12　曲德贡寺门厅东侧南墙西壁（H）壁画

图 11–13　曲德贡寺门厅东侧南墙南壁（I）壁画

图 11–14　曲德贡寺经堂东壁壁画

图 11–14　局部

图 11–14　局部

图 11-15　曲德贡寺经堂南壁壁画

图 11-15　局部

图 11-15　局部

图 11-16　曲德贡寺经堂西壁壁画

图 11-16　局部

图 11–16　局部

图 11-17　曲德贡寺经堂天井北壁局部壁画

图 11-18　曲德贡寺经堂天井西壁壁画

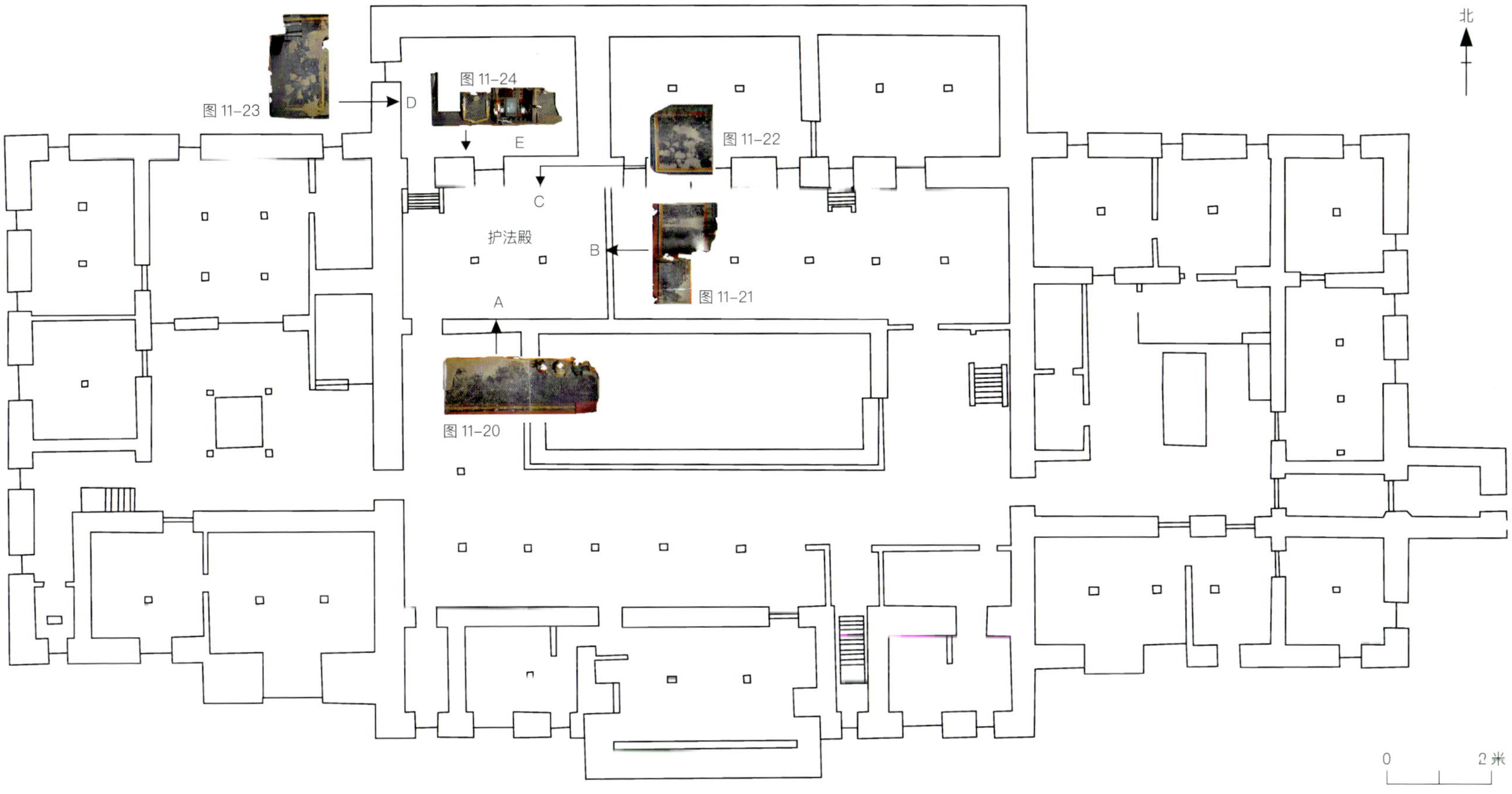

图 11-19　曲德贡寺三层建筑平面及壁画位置图

图 11-20　曲德贡寺三层护法殿外间南壁（A）壁画

图 11-21　曲德贡寺三层护法殿外间东壁（B）壁画

图 11-22　曲德贡寺三层护法殿外间北壁东端（C）壁画

图 11-23　曲德贡寺三层护法殿内间西壁（D）壁画

图 11-24　曲德贡寺三层护法殿内间南壁（E）壁画

第12章

乃东县吉如拉康

吉如拉康（ཀི་ཙ་ལྷ་ཁང་།）全称扎玛·吉如拉康，位于乃东县结巴乡政府驻地，北纬 29° 10′ 45.8″，东经 91° 47′ 23.8″，海拔 3787 米。

吉如拉康建于公元 8 世纪，赤德祖赞（704～755 年）和金城公主为收留逃难到吐蕃的于阗僧人而建，《巴协》《西藏王统记》都有相关的记载。吉如拉康在“文革”时期因作为仓库才得以保存，2001 年公布为全国重点文物保护单位。

吉如拉康宽 32.4 米、深 30.3 米，面积 982 平方米，坐西北向东西，由释迦佛堂、拉姆纳拉康、嘎登曲工拉康、集会堂、护法殿及附属建筑组成（图 12–1，图 12–2）。

释迦佛堂位于寺庙西南角，为最初吉如拉康的建筑，佛堂有四根柱子，柱拱上雕有卷草纹等图案，佛堂东壁正中辟门，木门及门框用材粗厚。佛堂内有 13 尊塑像，主像为释迦牟尼，余为八大弟子、二力士及供养人，风格古朴，具有吐蕃时期塑像的特点，不见壁画（图 12–3）。

拉姆纳拉康位于寺庙西北角，原为夯土墙体，内供大日如来佛及八弟子泥塑像，1984 年因一场暴雨坍塌。现在的拉姆纳拉康有四根柱子，门向东，殿内佛龛收藏有大量的写经，少量为吐蕃时代，大多为 14 世纪从吐蕃经书中辗转抄写的。

嘎登曲贡拉康位于拉姆拉康东北侧，门向南，原来房内有一眼泉水，相传阿底峡曾借住于此，墙上原保存有早期壁画痕迹，现在看到的壁画为近年所绘，北、西、东三面分别为阿底峡及两弟子像（图 12–4～图 12–6）。

集会堂及门厅的修建年代约为 16、17 世纪，壁画保存较好（图 12–7）。

集会堂西壁左右两侧为释迦牟尼像（图 12–8）；北壁主像为莲花生，周围为三十五佛和八变莲花生（图 12–9），东壁左右各为一尊宁玛派护法神（图 12–10）；南壁主像为莲花生，周围为三十五佛及八变莲花生（图 12–11）。壁画的年代约为 16、17 世纪，局部为后期修补。

门厅壁画为四大天王，为晚近作品。

图 12–1　吉如拉康航拍图

图 12-2　吉如拉康建筑平面及壁画位置图

图 12-3　吉如拉康释迦佛堂

图 12-4　吉如拉康嘎登曲贡拉康北壁壁画

图 12-5　吉如拉康嘎登曲贡拉康西壁壁画

图 12-6　吉如拉康嘎登曲贡拉康东壁壁画

图 12-7　吉如拉康集会堂

图 12-8　吉如拉康集会堂西壁壁画

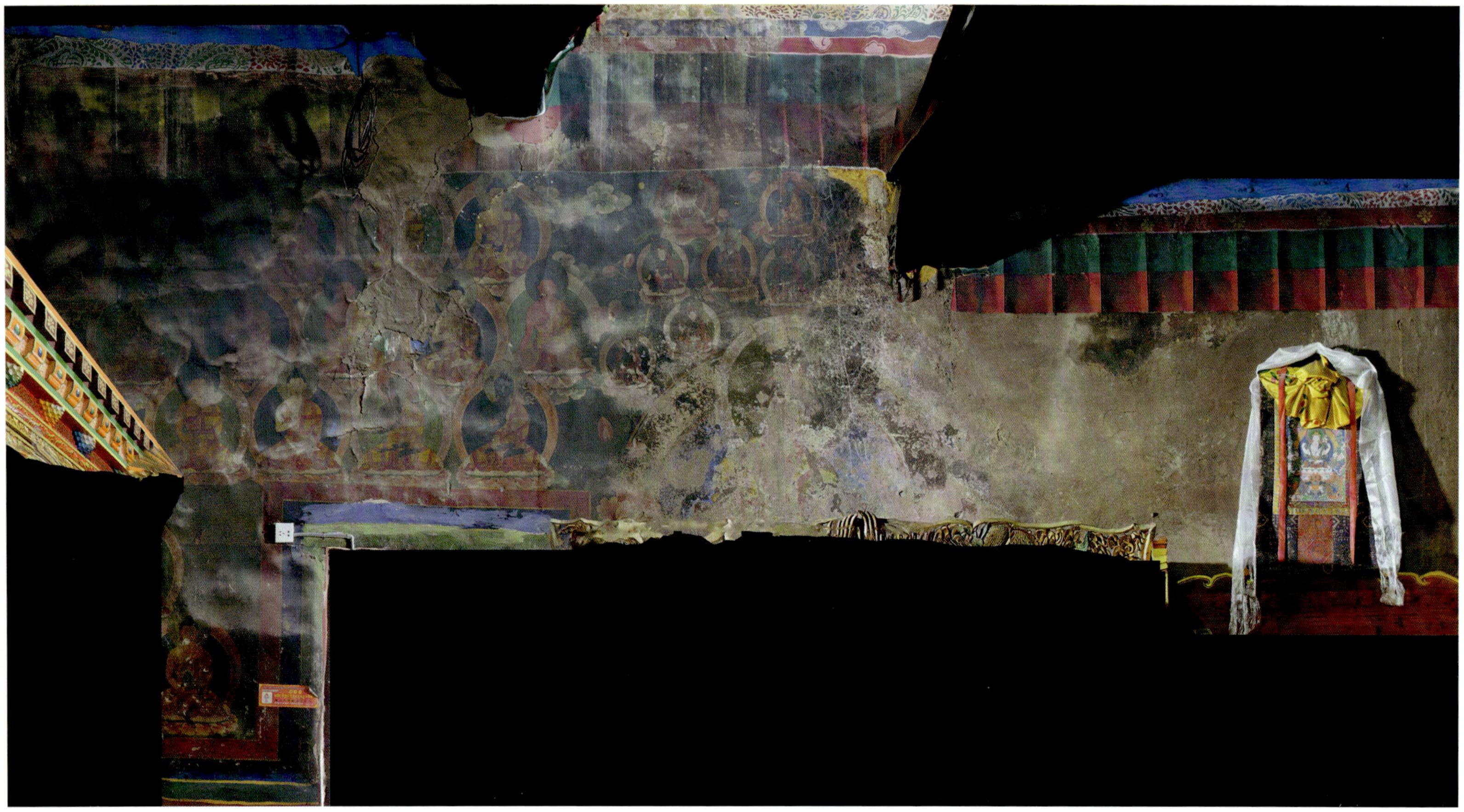

图 12-9　吉如拉康集会堂北壁壁画

图 12–10　吉如拉康集会堂东壁壁画

图 12–11　吉如拉康集会堂南壁壁画

第13章

琼结县坚耶寺

坚耶寺（སྤྱན་ཡས་དགོན།）位于琼结县加麻乡坚耶村，北纬 28° 58′ 28.1″，东经 91° 32′ 52.3″，海拔 4000 米。“坚耶”藏文意为“右眼”，因寺庙曾供奉佛弟子的右眼舍利而得名。

坚耶寺由扎巴恩协（1012～1090 年）创建，《青史》的作者廓诺·迅鲁伯（1395～1482 年），最初是从坚耶寺堪布桑结白瓦出家的（参见钦则旺布：《卫藏道场胜迹志》，西藏人民出版社，1987 年，注 299、300。后不详注）。据《青史》记载：“格西扎巴逝世后，由著名的扎塘·却焦邓顶巴（法护）住持扎塘寺。……邓顶巴梦游兜率天宫，谒见弥勒，以手中所持花束向弥勒身上投供时，花束变成一殊胜花屋笼罩于弥勒顶上。弥勒说道‘汝到人间，若不将行菩提心广传于一切尊卑人等，是违我教！’所以后来行菩提心教授也极为广泛地传授。”扎巴恩协巴原为噶当派，后得当巴桑杰传授希解法要，遂自成一派称为扎巴派。接替扎巴恩协任扎塘寺堪布的扎塘·却焦邓顶巴，既是鲁梅派高僧，又是一位噶当派的高僧，扎巴恩协去世后，他不仅主持扎塘寺的寺务，同时也担任坚耶寺的住持，从而形成了一种“甘丹派和持律宗混合而存在的学派”（参见廓诺·迅鲁伯著，郭和卿译：《青史》，西藏人民出版社 1985 年，第 65 页。后不详注）。后来，寺庙信奉噶举派，后又改宗格鲁派。

据寺志记载，坚耶寺在历史上经历过三次修建过程，第一次由格西扎巴恩协于 11 世纪所建部分，包括讲经和起居处、圆形围墙、路口走廊。

第二次由亚桑孜巴（大译师廓诺·迅鲁伯的别名）扩建的佛堂、扎巴卧室及僧舍、拉让等，并拆圆形围墙改为方形围墙，年代为 15 世纪。

第三次由寺院堪布阿旺强巴对除佛殿外的建筑进行翻修和扩建，同时还修建了释迦殿等，年代为 1890 年。

集会大殿是寺院的主体建筑，高二层，坐西朝东。在集会大殿南侧外壁建有强巴佛殿，内设佛

图 13-1　坚耶寺航拍图

图 13-2　坚耶寺集会大殿外景

台，供有格西扎巴、强巴佛及高僧像。集会大殿北侧原为格西扎巴的讲经和起居处，现为寺院伙房。大殿前庭有一周有高二层的僧舍。“文革”时期，集会大殿因作为粮库得以保存（图 13-1，图 13-2）。

集会大殿底层由门厅、经堂、佛殿及绕殿转经道组成（图 13-3，图 13-4）。

门厅有 2 根柱子，四周遍绘壁画：

① 南侧东墙北壁为羊头护法（本寺护法）（图 13-5）；

② 南侧东墙西壁为重修寺庙的捐款人功德名单（图 13-6）；

③ 南壁主像为南方增长天王（图 13-7）；

④ 西壁南侧主像为东方持国天王，左上方为狮面护法及她的各种化身；大门的门楣上方为宗喀巴师徒三尊，两侧为绿度母、白度母；西壁北侧主像为西方广目天王，左上方为金刚萨埵，右上方为文殊（图 13-8）；

⑤ 北壁西侧主像为北方多闻天王，东侧为妙高山图像（或名须弥山，为佛家宇宙学所说器世界基础金轮上形成的高山。见《藏汉大辞典》，第 2680 页），之间为白伞盖（图 13-9）；

⑥ 北侧东墙西壁为轮回图（图 13-10）；

⑦ 北侧东墙南壁为龙王（图 13-11）。

门厅壁画的年代，可能为 1890 年重修时所绘，局部为后期修补。

经堂面阔五间四柱，进深六间五柱，共 20 根柱子，正中两柱直通二层，撑起天井。经堂四壁绘有壁画。

东壁北侧，自南向北分别是吉祥天母、六臂大黑天、阎王、增禄天母；东壁南侧，自北向南分别是多闻天王、贡巴直古（钺刀护法）、响暖多吉顿点（扎巴恩协医学方面的护法神，也出现在扎塘寺壁画中）（图 13-12）。

南壁东侧，上方自东向西分别是持金刚、观音、文殊、度母，左下角为丹玛女神；南壁中部为八大药师佛，上方小像自东向西分别为无量寿佛、尊胜佛母、金刚萨埵、恰多康孜（手执金刚之一）、胜乐金刚、大威德金刚；南壁西侧为阿弥陀佛，下方为观音、金刚手（图 13-13）。

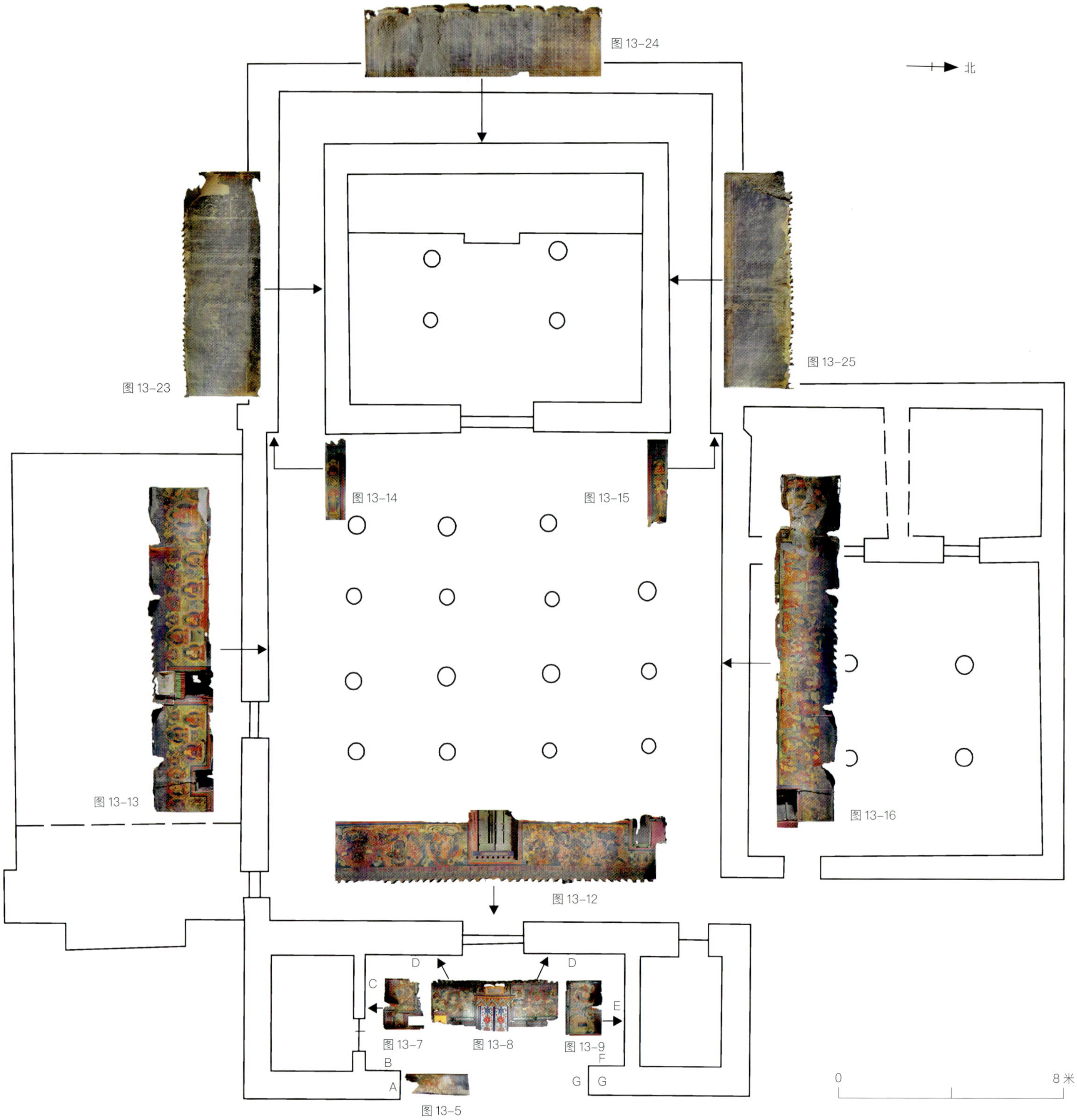

图 13-3　坚耶寺集会大殿建筑平面及壁画位置图

图 13-4　坚耶寺集会大殿经堂

西壁南端壁画为玛尔巴、米拉日巴、文殊（图 13-14）；南侧有一排新塑的神像，为宗喀巴师徒像、大译师廓诺·迅鲁伯、释迦牟尼，塑像背后的壁画主像为持金刚，周围为八十四大成就者，西壁北侧一排新塑的神像，为本寺格鲁派喇嘛强秋白、白度母、千手观音，塑像背后的壁画为八十四大成就者；这些壁画皆被塑像遮挡，西壁的北端壁画，上方为扎巴恩协，中间为本地出生的噶当派喇嘛响温久，下方神名不详（图 13-15）。

北壁西端为释迦牟尼及弟子，中间为十六罗汉，这两者之间有恰多康孜（手执金刚之一）、大日如来两尊小像，东端的门框上方为黄财神（图 13-16）。

这部分壁画应为 15 世纪亚桑孜巴扩建时所绘，从壁画的题材看，应属噶举派，局部壁画可能经过后期修补。

天井南西北三壁皆有壁画。南壁皆为格鲁派上师，具体人名不详（图 13-17）；西壁南侧为阿底峡师徒三尊（图 13-18），中间为释迦牟尼及弟子（图 13-19），北侧为宗喀巴师徒三尊，之间多为格鲁派上师（图 13-20）；北壁西侧主像为五世达赖（图 13-21），东侧神名不清（图 13-22）。这部分格鲁派题材的壁画，应为晚近改宗格鲁派之后所绘。

佛殿位于经堂之后，有四根柱子，柱拱雕刻兽头及卷云纹，后壁设佛台，主供燃灯佛、释迦牟尼、弥勒佛塑像，两侧为八大菩萨塑像，殿门两侧分别为持金刚、马头明王塑像。佛殿无壁画。

环绕佛殿的内部转经道，宽 2 米，内壁绘有“千佛”小像，像高 0.15 米左右，间隔绘有大像，高 0.5 米左右，其中，南壁中间为阿弥陀佛及眷属，东侧为持金刚（图 13-23）；西壁中间为释迦牟尼及弟子（图 13-24）；北壁东侧为无量寿佛，西侧不清（图 13-25）。这部分壁画年久失修，色彩已经黯淡，只留下模糊的痕迹。从风格看，南壁阿弥陀佛两侧的眷属带有跣足露体的南亚风格，与同时期的觉囊大塔、白居寺的同类造像相似，画面构图也具有南亚棋盘式构图特点，应是亚桑孜巴扩建时所绘，年代当在 15 世纪。

图 13–5　坚耶寺集会大殿门厅南侧东墙北壁（A）壁画

图 13–6　坚耶寺集会大殿门厅南侧东墙西壁（B）壁画

图 13–7　坚耶寺集会大殿门厅南壁（C）壁画

图 13-8　坚耶寺集会大殿门厅西壁（D）壁画

图 13-8　局部

图 13-8　局部

图 13-9　坚耶寺集会大殿门厅北壁（E）壁画

图 13-10　坚耶寺集会大殿门厅北侧东墙西壁（F）壁画

图 13-11　坚耶寺集会大殿门厅北侧东墙南壁（G）壁画

图 13-12　坚耶寺集会大殿经堂东壁壁画

图 13-12　局部

图 13–13　坚耶寺集会大殿经堂南壁壁画

图 13–13　局部

图 13-14　坚耶寺集会大殿经堂西壁南端壁画

图 13-15　坚耶寺集会大殿经堂西壁北端壁画

图 13-16　坚耶寺集会大殿经堂北壁壁画

图 13-16　局部

图 13-16　局部

图 13-17　坚耶寺集会大殿经堂天井南壁壁画

图 13-18　坚耶寺集会大殿经堂天井西壁南侧壁画

图 13-19　坚耶寺集会大殿经堂天井西壁中间壁画

图 13-20　坚耶寺集会大殿经堂天井西壁北侧壁画

图 13-21　坚耶寺集会大殿经堂天井北壁西侧壁画

图 13-22　坚耶寺集会大殿经堂天井北壁东侧壁画

图 13-23　坚耶寺集会大殿佛殿转经道内墙南壁壁画

图 13-23　局部

图 13-23　局部

图 13-25　坚耶寺集会大殿
佛殿转经道内墙北壁壁画

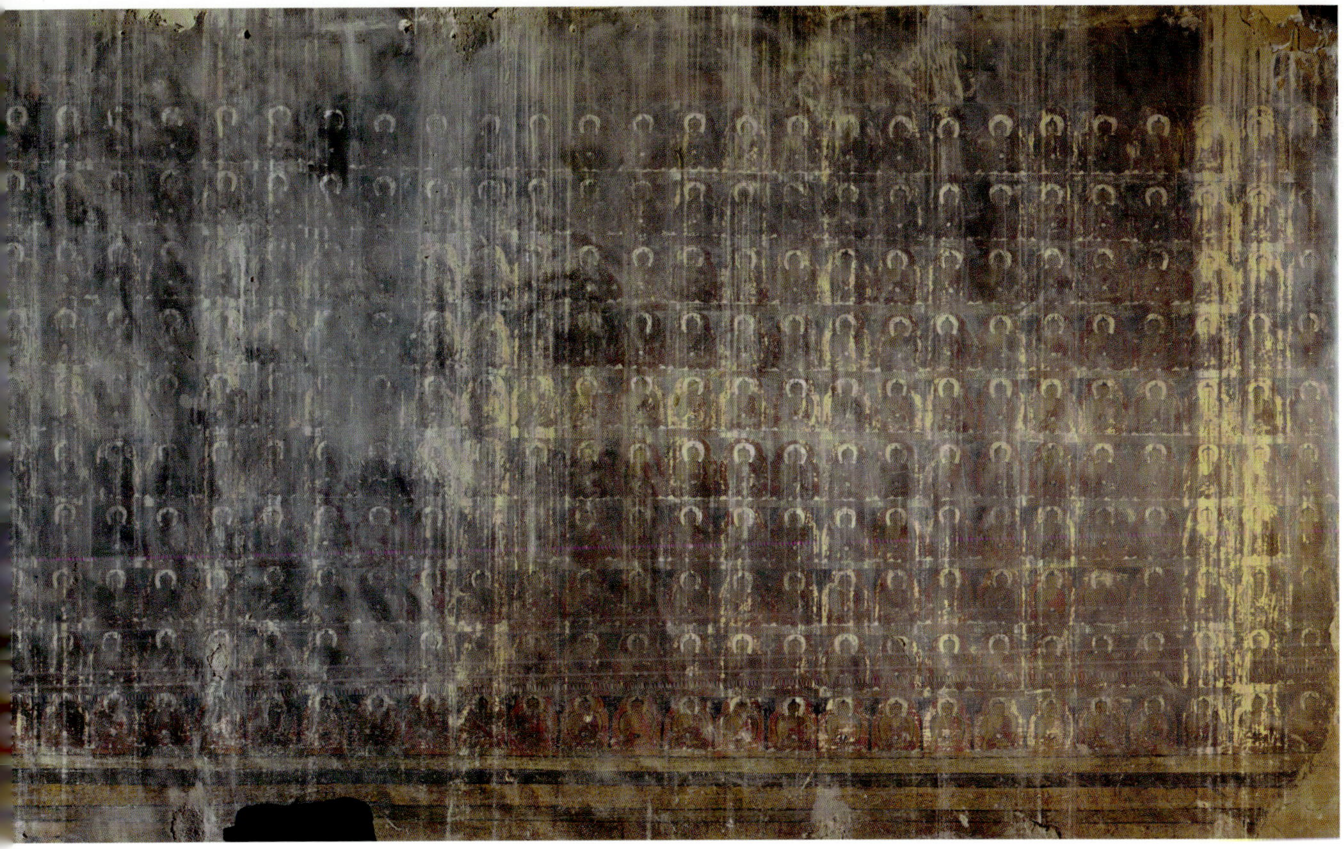

图 13-24　坚耶寺集会大殿佛殿
转经道内墙西壁壁画

第 14 章

琼结县若康拉康

若康拉康（རུ་ཁང་ལྷ་ཁང་།）位于琼结县加麻乡金追村，北纬 28° 58′ 24.0″，东经 91° 30′ 40.3″，海拔 4085 米。

若康拉康始建于 8 世纪末至 9 世纪初，由藏王牟尼赞普的妃子所建，后由多吉坚参重修。该寺是僧尼合设的寺院，始奉噶当派，后改为格鲁派。佛殿前有院落，佛殿西南 35 米处有一处拉让，为活佛和高贵喇嘛的私邸，现被群众占用（图 14–1，图 14–2）。

佛殿坐西朝东，殿内有四根柱子，殿内南、西、北三壁皆绘有壁画（图 14–3，图 14–4）。南壁绘有二十一个度母，北壁壁画不清，南北两壁现被高大的木柜遮挡。西壁正中绘释迦牟尼及两弟子，周围为八大药师佛、四臂观音、莲花生，下方为十六罗汉（图 14–5）。这部分壁画应为晚近所绘。

佛殿外有转经回廊，回廊内残存局部壁画，年代不详。南壁一处为千佛题材（图 14–6）。东壁南端壁画破损处，可辨认出有三层泥，至少有过三次壁画（图 14–7）。“文革”时期，佛殿遭到破坏，20 世纪 80 年代进行过维修，基本保留了原建筑的格局。

图 14–1　若康拉康航拍图

图 14-2　若康拉康外景

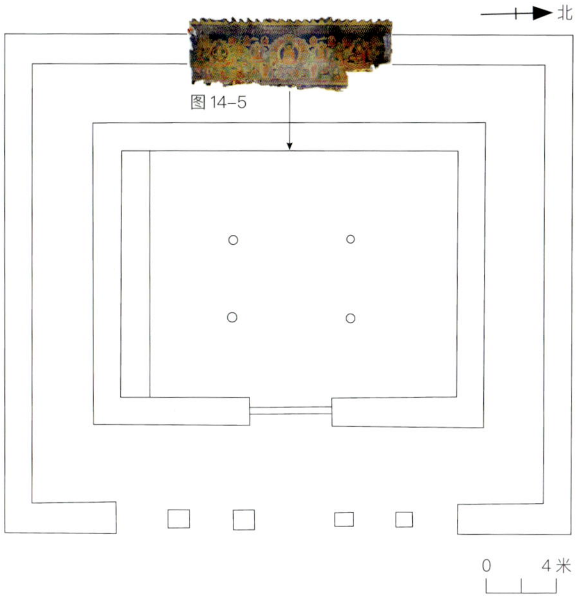

图 14-3　若康拉康建筑平面及壁画位置图

图 14-4　若康拉康佛殿内景

图 14-5　若康拉康佛殿西壁壁画

图 14-5　局部

图 14-6　若康拉康转经回廊内墙南壁局部壁画

图 14-7　若康拉康转经回廊内墙东壁南端局部壁画

第15章

琼结县白日寺

白日寺（བད་རི་དགོན།）位于琼结县琼结镇白日村拉日山上，北纬 28° 55′ 17.6″，东经 91° 36′ 29.3″，海拔 3910 米。

白日寺为宁玛派掘藏师德顿·喜饶温色（1518～1584 年）于 16 世纪创建。喜饶温色的法统属于宁玛派大圆满心要派，他曾为琼结巴·霍尔·索南斗季杰布的王师，本寺是琼结巴·霍尔·索南斗季杰布为喜饶温色修建的驻锡地（参见《卫藏道场胜迹志》注 296、297）。原建筑规模较大，主殿高三层，后曾在准噶尔军队入侵时期受损。寺院共传承五代活佛，依次为喜饶温色、仁增·敦觉多杰、仁增·赤列朗杰、仁增·白玛旺杰、仁增措杰，第二代以后活佛均为世袭，第四代活佛白玛旺杰曾编写经书《隆梯》。1899 年，拉萨发生了谋害十三世达赖事件，该寺受株连，被没收部分财产和土地，从此不能转世，代之以堪布掌管寺庙。从 1899～1959 年，先后有益西次旺、贡觉曲穷、阿旺朗杰三位堪布。堪布益西次旺曾对寺院进行过大规模的维修和扩建。"文革"中寺庙被毁，1986 年，当地居民利用原建筑材料，在原址南面重建了现在寺院建筑（图 15-1，图 15-2）。现经堂四壁绘有宁玛派题材的壁画，皆为新绘（图 15-3～图 15-5）。

图 15-1　白日寺外景

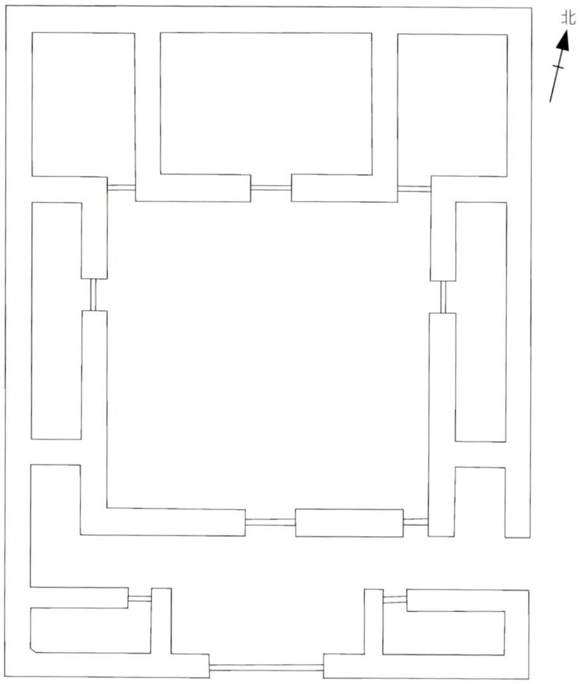

图 15-2　白日寺遗址平面示意图

图 15-3　白日寺经堂

图 15-4　白日寺经堂局部壁画

图 15-5　白日寺经堂局部壁画

第16章

琼结县唐波切寺

唐波切寺（ཐང་པོ་ཆེ་དགོན།）位于琼结县下水乡唐波切村，北纬 29° 07′ 05.1″，东经 91° 43′ 15.6″，海拔 3646 米。

唐波切寺始建于 1017 年，创建人为珠梅·楚臣炯乃。据《黄琉璃》载：珠梅·楚臣炯乃生于后藏，幼年出家，后拜鲁梅·楚臣喜饶为师，成为鲁梅的主要弟子，他依照鲁梅的旨意修建了此寺。寺庙建成后，鲁梅曾主持过一段时间，后来又将寺院交给了弟子枯敦·尊追雍仲（1011～1075 年）自此，枯敦·尊追雍仲成为唐波切寺的第一任堪布。寺属噶当派，后来一度成为噶举派，最后改宗为格鲁派。“第一世达赖喇嘛格敦珠曾奉宗喀巴之命，于此寺随尼玛坚赞贝桑布学习密集、大威德法和《红阎摩德迦续》等。改宗格鲁派以后，这所寺院重视密法，修炼密集和普明、《金刚鬘》等无上瑜伽法。”（引许得存：《西藏密教史》，中国社会科学院出版社，1998 年，第 617 页）至 20 世纪初，十三世达赖喇嘛土登嘉措时期，甘珠尔活佛洛桑土旺顿旦于 1916 年主持修复此寺。唐波切寺背临琼结河（“亦称香波河”），前为阿布山，原建筑已无存，现存建筑皆为 1916 年修复后的建筑。

“文革”中，集会大殿和觉杰生波得以保存，2006 年被列为自治区级文物保护单位（图 16-1，图 16-2）。

集会大殿坐西朝东，高三层，一层由门厅、经堂、佛殿、护法殿等组成（图 16-3）；二层为寺内议事办公地点；三层有文殊殿，主供鎏金文殊铜像、阿底峡舍利塔和枯敦·尊追雍仲灵塔。

门厅内有四根柱子，三面皆有壁画。南壁东侧为大鹏鸟，西侧为南方增长天王（图 16-4）；西壁两侧为东方持国天王、西方广目天王（图 16-5）；北壁西侧为北方多闻天王、轮回图，东侧为梵文符咒（图 16-6）。

经堂面阔五间四柱，进深四间三柱，共 12 根柱子，中央两柱直通二层，撑起天井（图 16-7）。经堂西壁供奉阿底峡师徒三尊（即阿底峡、枯敦·尊追雍仲、仲敦巴）、莲花生、宗喀巴、五世达赖铜像。经堂北、东、南三壁皆有壁画。

经堂北壁，西端为莲花生、赤松德赞、菩提萨埵三尊；中间为药师佛及八大变化身；东侧为骑狮观音、绿度母，绿度母周围是她的变化身（图 16-8）。经堂东壁，自北向南分别是六臂护法、阎王、吉祥天母、天王（图 16-9）。经堂南壁，自东向西分别为文殊、“多吉生巴”、持金刚、大日如来、胜乐五次第（一个主像和四个小像，代表自身加持次第、交杵金刚次第、明珠满盛次第、炽燃保固次第和不可思议次第，参见《藏汉大辞典》，第 1367 页）、释迦牟尼、大威德金刚、阿底峡尊者（图 16-10）。

天井南、西、北三壁皆有壁画。南壁主像为五世达赖，左下方为固始汗（图 16-11）；西壁主像为释迦牟尼及弟子，两侧为十六罗汉（图 16-12）；北壁主像为十三世达赖（图 16-13）。

图 16-1　唐波切寺航拍图

图 16-2　唐波切寺集会大殿外景

经堂后部有两个殿堂，北侧为佛殿，内有四根柱子，西壁南侧为释迦牟尼及两弟子塑像，北侧为宗喀巴师徒三尊塑像。南、北两壁为长寿三尊（白度母、无量寿佛、尊胜佛母）线绘壁画。东壁上方为长寿三尊组合、下方为八大菩萨壁画（图 16-14）。南侧为护法神殿，有 1 根柱子，主供马头明王、大威德明王等旧塑像，四壁皆为黑底黄线的壁画，上方皆为以人皮、骷髅组成的流苏。东壁南侧，下方自北向南分别是伽阿札（印度游行僧）、盘阿札（西藏游行僧）、持刀护法、魔女，上方是动物、飞鸟等护法随从（图 16-15）；南壁东端有虎、猴，下方为护法神，中间为猗狮护法和“杂钦久”（地方护法？）（图 16-16）；西壁南侧为两尊“杂钦久”（地方护法？），北侧木柜后面为莲花生和狮面护法（图 16-17）；北壁西侧为“洛曲云丹杰布”（南方？护法）及牵马随从，东侧为“杰布贡额”（即五个护法神，以“皖曲吐以结布”为中心，东方为“瞎曲故意结布”，西方为“诺曲宋以结布”，北方为“强久赤列结布”，南方不详，皆为地方护法神）（图 16-18）。

以上全部壁画的年代，应为 1916 年修复时期所绘制。

觉杰生波（“觉杰”指阿底峡，“生波”指殿）位于寺院东 100 米处，是枯敦·尊追雍仲专门为阿底峡修建的殿室，据记载，阿底峡尊者曾被迎请到此寺，“在一粗建房屋中住过一月”（引《青史》，第 70 页）。原建筑已被毁，现存建筑为后来重修。建筑由门厅、经堂、佛殿等组成，供有阿底峡、仲敦巴、枯敦·尊追雍仲、十一面观音等塑像，还供有一条木扁担，相传是当年迎请尊者时的用物。

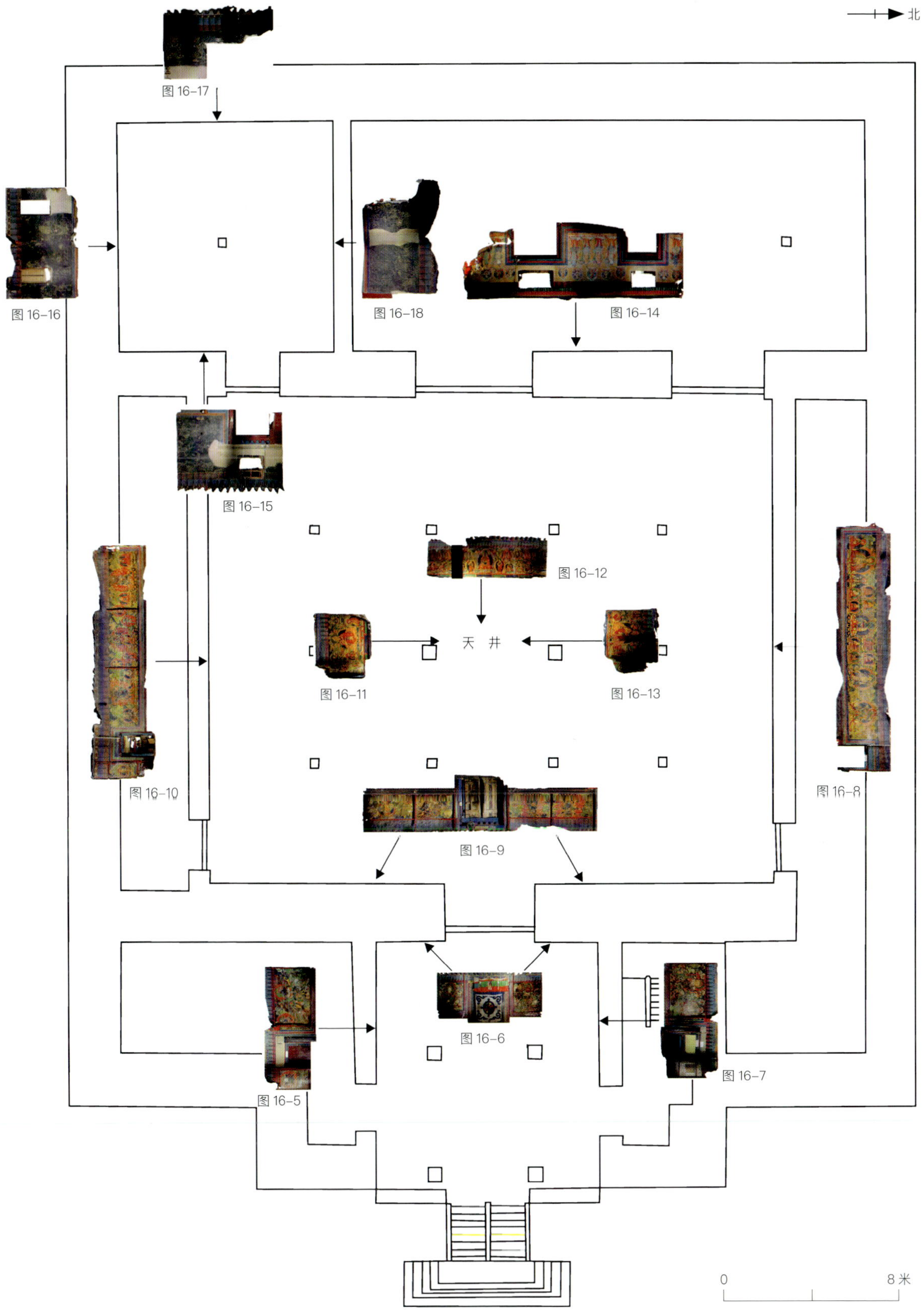

图 16-3　唐波切寺集会大殿一层建筑平面及壁画位置图

图 16-4　唐波切寺集会大殿门厅南壁壁画

图 16-5　唐波切寺集会大殿门厅西壁壁画

图 16-6　唐波切寺集会大殿门厅北壁壁画

图 16-7　唐波切寺集会大殿经堂

图 16-8　唐波切寺集会大殿经堂北壁壁画

图 16-8　局部

图 16-8　局部

图 16-9　唐波切寺集会大殿经堂东壁壁画

图 16-9　局部

图 16-10　唐波切寺集会大殿经堂南壁壁画

图 16-10　局部

图 16-10　局部

图 16-11　唐波切寺集会大殿经堂天井南壁壁画

图 16-12　唐波切寺集会大殿经堂天井西壁壁画

图 16-13　唐波切寺集会大殿经堂天井北壁壁画

图 16-14　唐波切寺集会大殿佛殿东壁壁画

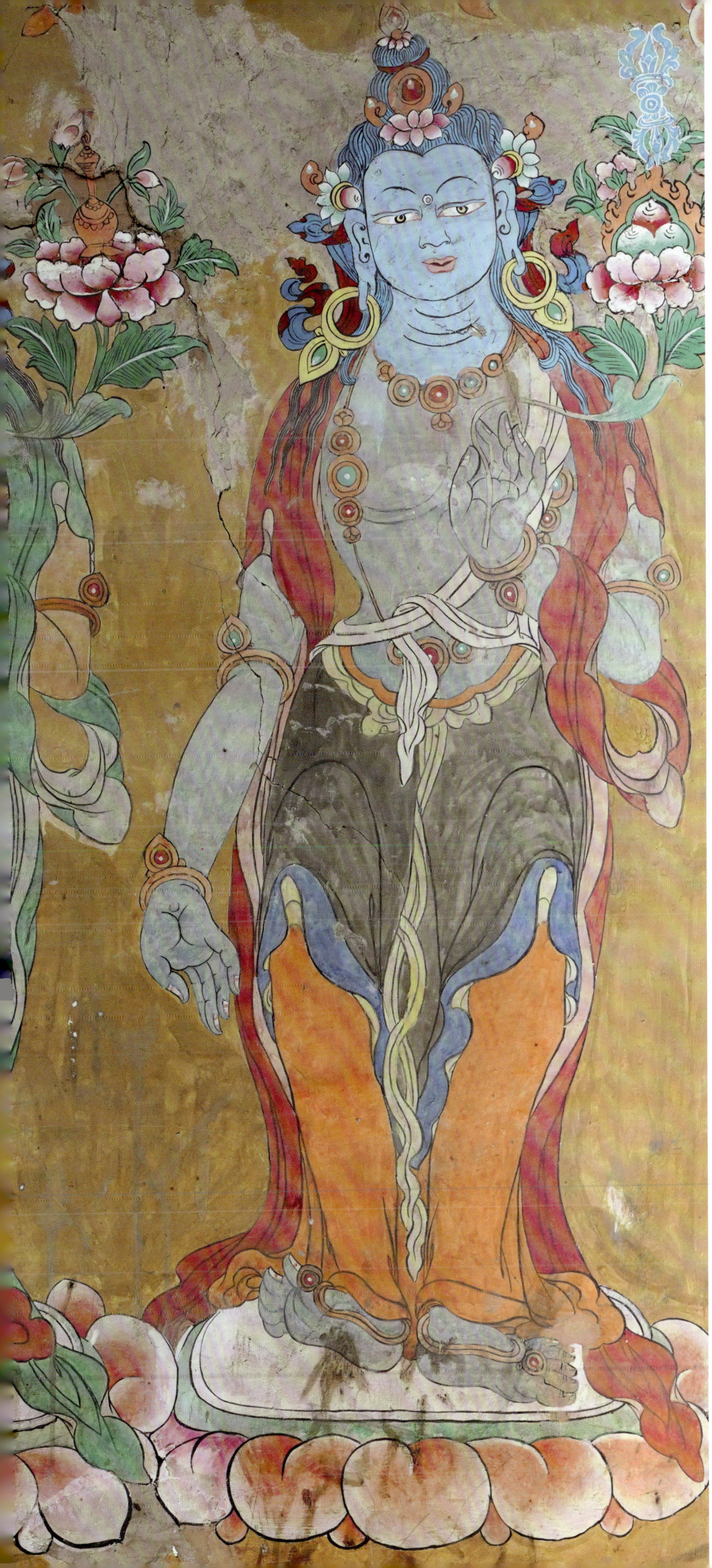

图 16–14　局部

图 16-15　唐波切寺集会大殿护法神殿东壁南侧壁画

图 16-16　唐波切寺集会大殿护法神殿南壁壁画

图 16–17　唐波切寺集会大殿护法神殿西壁壁画

图 16–18　唐波切寺集会大殿护法神殿北壁壁画

第 17 章

琼结县曲果顶寺

曲果顶寺（ཆོས་འཁོར་སྡིང་དགོན།）位于琼结县拉玉乡德庆村，北纬 29° 08′ 13.6″，东经 91° 36′ 03.3″，海拔 3886 米。

曲果顶寺为噶举派寺庙，始建年代不详。原寺庙外有围墙，内有大殿、僧舍、佛塔，经堂有 36 根柱子，佛殿主供强巴佛。现建筑是 1984 年群众集资、在原佛殿基址上重修的（图 17–1～图 17–3）。在佛殿的东面和北面墙上，残存线描度母壁画，年代不详（图 17–4，图 17–5）。

图 17–1　曲果顶寺外景

图 17–2　曲果顶寺佛殿强巴佛

图 17–3　曲果顶寺经堂

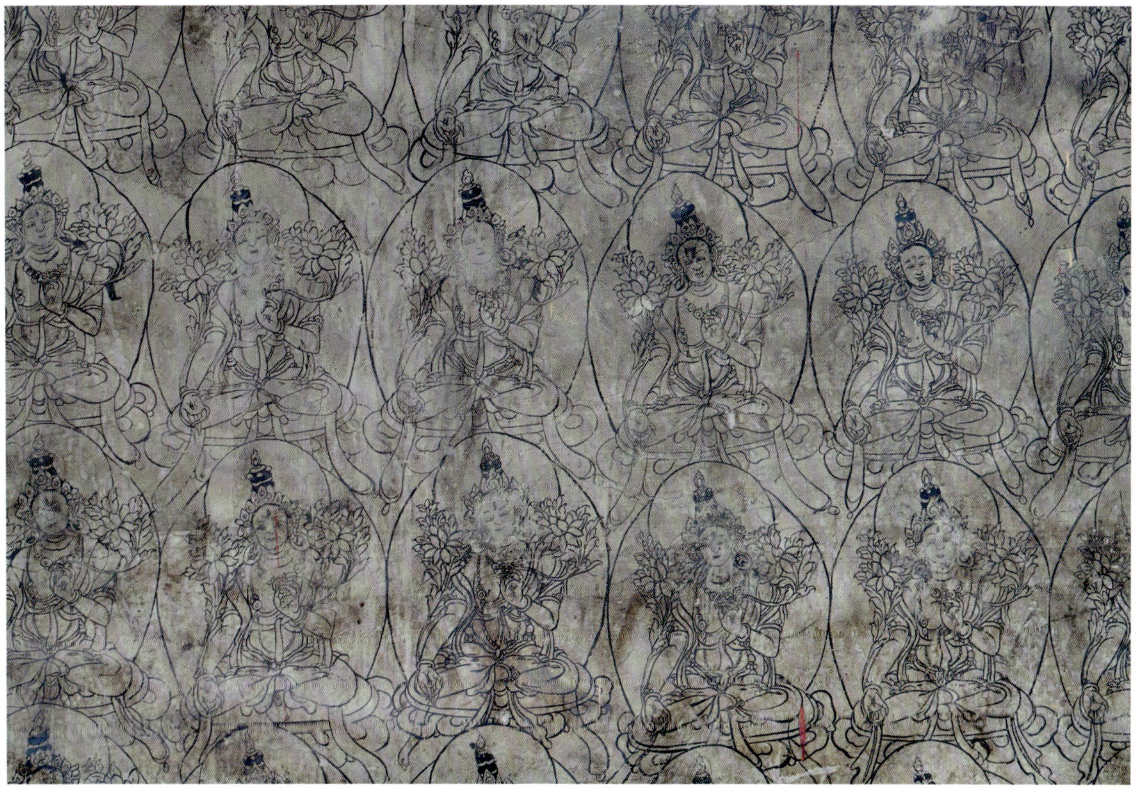

图 17-4　曲果顶寺佛殿残存壁画

图 17-5　曲果顶寺佛殿残存壁画

第18章

隆子县觉白嘎尔寺

觉白嘎尔寺（ཇོ་བོད་དཀར་དགོན།）位于隆子县斗玉乡加麦村，北纬 28° 26′ 15.8″，东经 92° 56′ 04.6″，海拔 3198 米。

觉白嘎尔寺为竹巴噶举派寺院，据说由波多瓦·仁钦赛（1031～1105 年）的弟子索朗仁钦创建。原隶属桑钦寺，而桑钦寺始建年代为 13 世纪，由此推测觉白嘎寺创建年代应不会距此太远（图 18-1，图 18-2）。

主殿建筑坐西朝东，建筑现已坍毁，从现存墙面上的梁木孔洞观察，主殿原为三层建筑。平面略呈“凸”字形，由门厅、经堂、佛殿组成。东、西两面各辟一门，东门为正门。门厅两侧各有一间小房。门厅后为经堂，1991 年自治区文物普查队调查时，对经堂残存壁画有这样的描述：“东壁南段残存有护法神像；南壁主尊为身著虎皮裙及鸟翼、足踩莲台的护法金刚，四周绘有云气相绕的高僧及度母像，其下方有白色线条绘制的‘雍仲’、八宝等图案。”现在，壁画基本不存，仅剩若干残迹，一处为南壁护法金刚残迹，四周绘有云气相绕（图 18-3）；一处为北壁西端高僧像，疑为汤东结布（图 18-4）。

佛殿内有四根柱子，正中设佛坛，1994 年，村民对此进行修葺，佛殿四壁原有壁画，现已消失殆尽。佛殿外有绕行的礼拜道，宽 1.8 米。礼拜道的两侧皆绘有壁画。

南廊外侧：西端一尊为一手执蛇、一手执金刚杵的狼面护法，一尊为戴骷髅头冠的金刚手（？），其余部分皆不清楚（图 18-5）。

南廊内侧：西端似为释迦牟尼大像，中间为十一面多臂观音站立像，东端似为无量寿佛，大像之间似为三十五佛像（图 18-6）。

西廊南段外侧：中部主像为无量寿佛，南侧主像为释迦牟尼，北侧主像为白度母，主像之间为众多上师小像（图 18-7）。

西廊内侧：北端为莲花生像，其右上方为释迦牟尼小像，南端主像不清，主像之间似为各派上师（图 18-8）。

北廊内外侧壁画已模糊难辨。

从题材和风格分析，壁画绘制年代应不早于十五世纪。

主殿四个檐角上，原均有木雕护法狮子，现东北、西北角上尚在。外墙面镶有嘛呢石刻，除大量六字真言，还有经文及八宝图案等。

图 18-1　觉白嘎尔寺外景

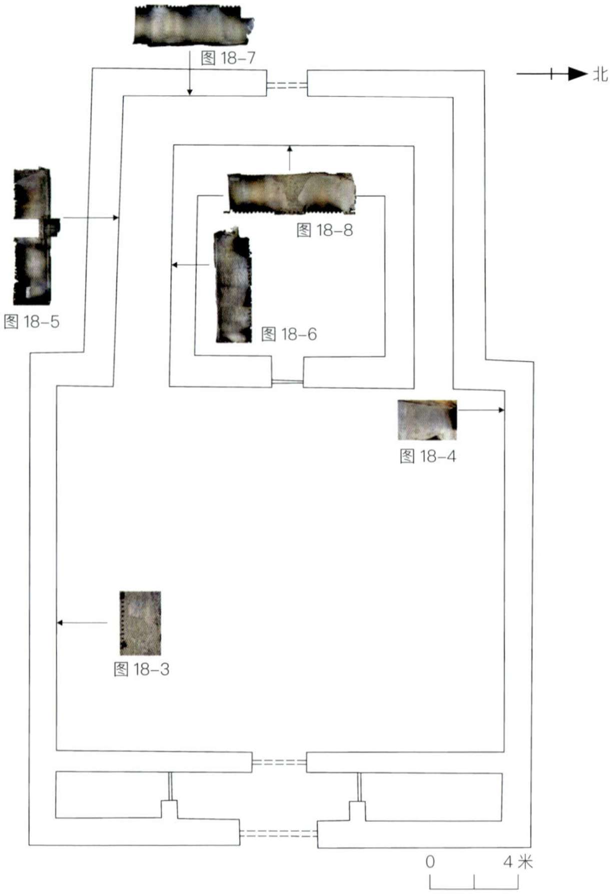

图 18-2　觉白嘎尔寺主殿建筑平面及壁画位置图

图 18-3　觉白嘎尔寺经堂残存壁画

图 18-4　觉白嘎尔寺经堂残存壁画

图 18-5　觉白嘎尔寺内部礼拜道南廊外侧壁画

图 18-6　觉白嘎尔寺内部礼拜道南廊内侧壁画

图 18-7　觉白嘎尔寺内部礼拜道西廊南段外侧壁画

图 18-8　觉白嘎尔寺内部礼拜道西廊内侧壁画

第19章

隆子县日当寺

日当寺（རི་དང་དགོན།）全称“加错日当寺”，位于隆子县日当镇日当村，北纬 28° 25′ 20.8″，东经 92° 14′ 35.9″，海拔 4018 米。

日当寺始建于吐蕃时期，最初信奉苯教，后宏期一位名叫坎哲·日乌坚赞的活佛和他的弟子将该寺改建为噶当派寺庙，15 世纪又改宗为格鲁派。

寺庙有一道环形围墙，南北长 120 米、东西宽 70 米，主体建筑有杜康大殿、日乌坚赞灵塔等（图 19-1～图 19-3）。

杜康大殿坐西朝东，高二层，一层由门厅、佛殿两部分组成（图 19-4～图 19-6）。佛殿内有 8 根柱子，四壁残存部分壁画。东壁壁画保存较好，近年因为墙体维修，壁画整体切割并重新上墙。东壁南侧为三尊天王像（图 19-7），现北端多闻天王像还比较清晰（上方还有规矩排列的七尊佛像，似为七佛），另两尊已经模糊不清，原来相邻的南壁东端也有一尊天王像，共同构成四天王像。东壁北侧南端主像为释迦牟尼及二弟子像，四周是以方格状构图的佛及上师小像，东壁北侧北端为强巴佛，相邻的北壁东端为燃灯佛，共同构成三世佛的布局（图 19-8）。

南壁和北壁壁画均被烟炱熏染，已经难以分辨，其中北壁壁画内容有释迦牟尼及其侍从、护法神、菩萨等，线条细腻流畅，色调淡雅（图 19-9～图 19-12）。南壁现被木柜全部遮挡。

从题材和绘画风格上分析，这部分壁画应为后宏期早期寺庙改建时所绘制，年代不晚于 14 世纪，是山南早期壁画的珍贵资料。

日乌坚赞灵塔位于杜康大殿西南隅，塔基呈方形，共 6 级，上承圆形塔身，其上为十三天相轮及日月宝珠等。

图 19-1　日当寺航拍图

图 19-2　日当寺杜康大殿外景

图 19-3　日当寺日乌坚赞灵塔

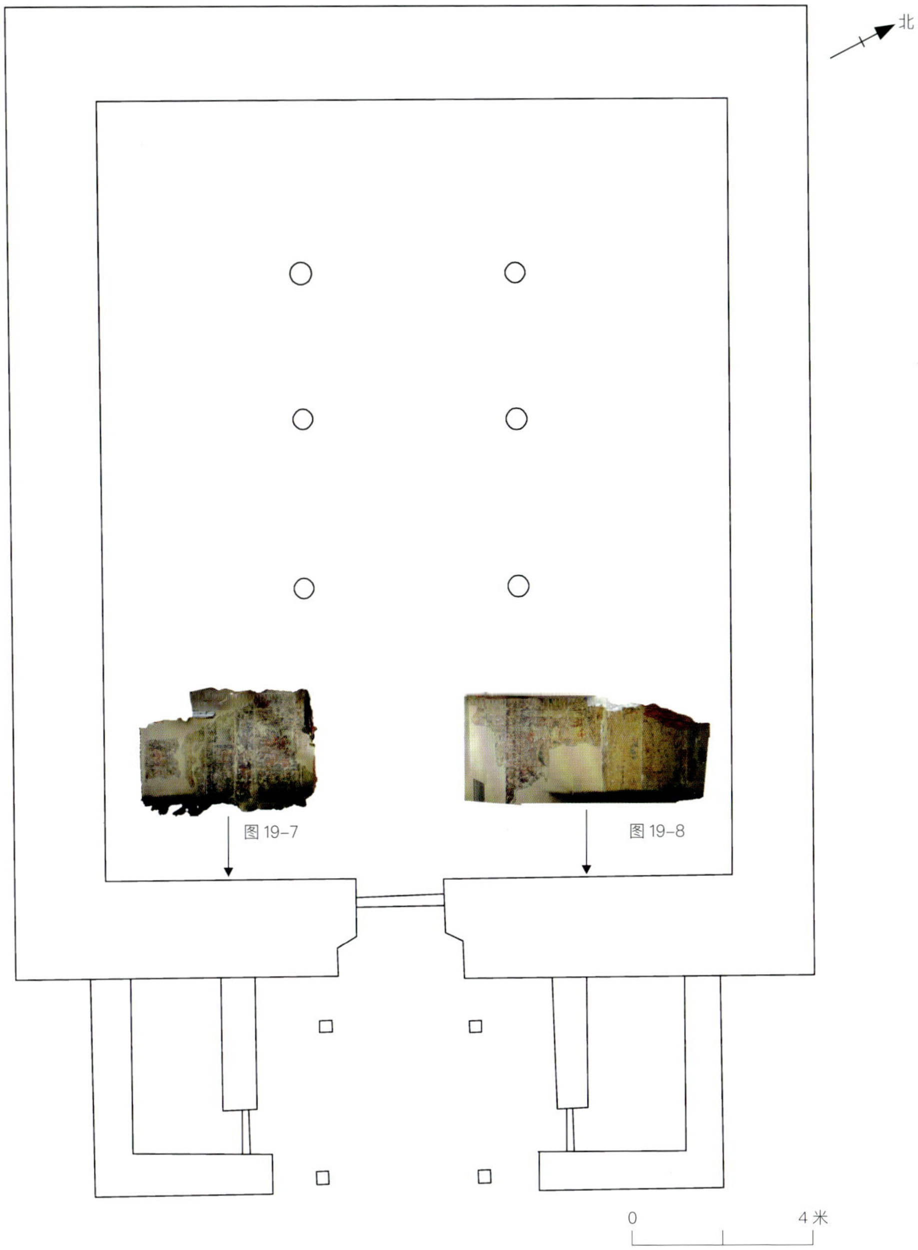

图 19-4　日当寺杜康大殿一层建筑平面及壁画位置图

图 19-5　日当寺杜康大殿佛殿内景

图 19-6　日当寺杜康大殿建筑构件

图 19-7　日当寺杜康大殿佛殿东壁南侧壁画

图 19–7 局部

图 19-8　日当寺杜康大殿佛殿东壁北侧壁画

图 19-8　局部

图 19-9　日当寺杜康大殿佛殿北壁局部壁画

图 19-10　日当寺杜康大殿佛殿北壁局部壁画

图 19-11　日当寺杜康大殿佛殿北壁局部壁画

图 19-12　日当寺杜康大殿佛殿北壁局部壁画

第20章

隆子县直囊噶如拉康

直囊噶如拉康（རི་ནང་སྦྲ་ཙ་བྲག་ལྷ་ཁང་།）位于隆子县准巴乡直囊村南部的山顶上，相传创寺人为中主巴噶举第四辈活佛白玛嘎布（1527 ～ 1592 年），年代约在十六世纪中期，教派为主巴噶举派。

寺庙长年在云雾缭绕的山峰之间，背后的雪山称为“埋”，南面有“普拉格”雪山，左边“客雄拉”山，右边“江赞”山，皆为护法神山，地势俗称为：“前面的山卧如牦牛，后面的山如门帘，右山如狮子飞奔，左山如黑蛇下坡。”这些山川形势构成的了噶举派所崇尚的密宗胜地的特殊意境（图 20–1，图 20–2）。由于山路崎岖，交通极为不便，信众只在藏历六月初四进行朝圣，现寺内无僧人，只有一个管理员住在村里。

寺庙为一座二层的藏式建筑，坐北朝南，面阔 15 米，深 18.5 米。一层为厨房和放置杂物之处；二层北部为中心佛殿，南部有护法殿（贡康）和僧舍；三层为建寺人修行之处。各个房间经过 2019 年的修复，皆为空房，佛殿内无壁画，围绕佛殿有一条内部转经廊，两侧保存有珍贵的壁画（图 20–3，图 20–4）。

西廊道内侧的壁画保存较好，南侧主像为一佛二菩萨，佛像背光采用云纹图案，二菩萨赤露上身，仅披帛带，背光四周为乘云的众伎乐和眷众；北侧主像为十一面千手观音，它的四周为方格状构图的上师小像；北端为一尊作跏趺座的神像，难以辨认（图 20–5）。

北廊道内壁的壁画已经非常模糊，题材为由大小圆圈构成的坛城图，每个圆圈内似乎为一本尊图案，在东侧下方局部较为清晰，五个小圆圈构成一个坛城，当为《大日经》发展出来的胎藏界曼陀罗图案（图 20–6）。

东廊道内壁只保存北端部分，第一尊主像似为密集金刚双身像，四周是按方格状分布的眷属、上师和护法小像（图 20–7）。

西廊道外壁，只保存北端局部，主像为一佛二弟子，佛陀的头部上方，似为三世佛小像，背光上方为乘云的伎乐和天众（图 20–8）。

北廊道外壁西侧主像为护法神，身色为黑色，身披骷髅璎珞，脚踏人尸，主像周围有护法、上师小像；中间有三尊主像，似为持金刚、释迦牟尼、四臂观音，主像之间为上师小像；东侧主像为六臂护法神，身色为黑色，身披骷髅璎珞，脚踏人尸，主像周围有护法、上师小像（图 20–9）。

东廊道外壁只保存北侧部分，图像模糊，北端两尊大像似为本尊像，南侧为方形构图的眷众、上师小像（图 20–10）。

壁画以红色为主调，色彩艳丽，造型独特，壁画题材显示出噶举派的旨趣，人物形象和构图方面，明显受到尼泊尔绘画的影响，年代当为 16 世纪的寺庙创建时期。

图 20–1　直囊噶如拉康外景

图 20–2　直囊噶如拉康寺前风景

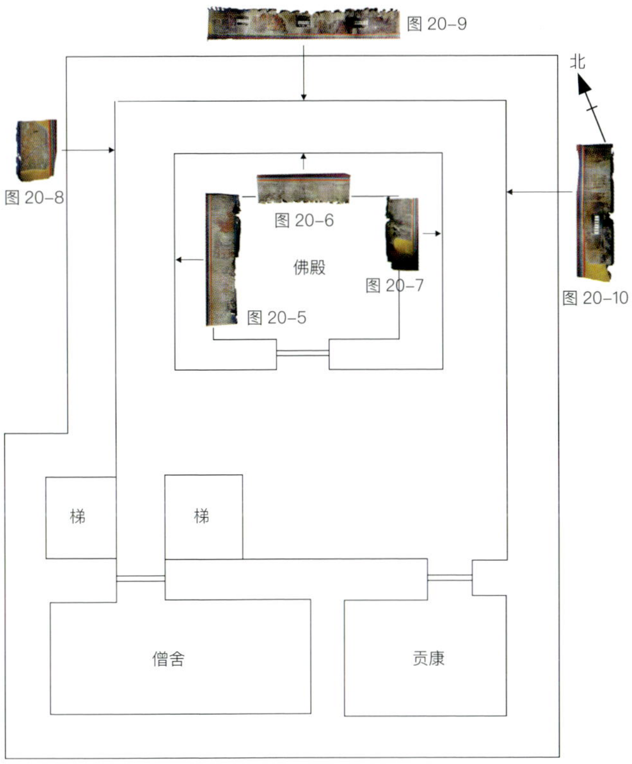

图 20-3　直囊噶如拉康二层建筑平面及壁画位置示意图

图 20-4　直囊噶如拉康二层佛殿转经廊

主巴噶举派寺庙在山南南部地区极为普遍，中主巴噶举派卓贡藏巴嘉热·益西多吉（1161～1211 年）曾以扎日神山作为密宗胜乐金刚道场，见胜乐轮及一切护法等相，证得无量甚深法义，并首创了西藏著名的“扎日神山巡礼朝拜”习俗。此后，以扎日神山为中心，一大批主巴噶举派寺庙陆续兴建。中主巴噶举第四辈活佛白玛嘎布在隆子县境创建的寺庙还包括：扎日乡几甲帕姆拉康、雪萨乡达孜寺、雪沙乡亚古寺、三安曲林乡三安曲林寺。其中，三安曲林寺被称为“修行显密宗的道场”，为主巴噶举派的主要道场，其下辖七座小庙，包括：直囊噶如拉康（今准巴乡）、协噶尔曲丹（今加玉乡）、桑丹曲林寺（今加玉乡）、基莫贡巴（今加玉乡）、多吉林寺（今加玉乡）、达曲康（今加玉乡）、莫噶寺（今加玉乡）。

直囊噶如拉康地处人迹罕至的中印边境地区，在以前调查资料中皆缺漏，这次为首次正式调查，寺庙壁画保存较好，是主巴噶举派壁画的珍贵资料。

图 20-5　直囊噶如拉康二层西廊道内侧壁画

图 20-5　局部

图 20-6　直囊噶如拉康二层北廊道内壁壁画

图 20-7　直囊噶如拉康二层东廊道内壁壁画

图 20-8　直囊噶如拉康二层西廊道外壁北端壁画

图 20-9　直囊噶如拉康二层北廊道外壁壁画

图 20-9　局部

图 20-10　直囊噶如拉康二层东廊道外壁壁画

第 21 章

隆子县加玉寺

加玉寺（བྱ་ཡུལ་དགོན།）又名“强钦白嘎尔寺”，位于隆子县加玉乡强钦村，北纬 28° 17′ 43.5″，东经 92° 43′ 23.8″，海拔 3396 米。

甲域哇钦波（1075～1138 年），本名熏奴畏，为噶当派京俄巴的弟子，后来应绛达玛之请，在涅地甲域（即加玉）创建并长住此寺，他擅长密法二次第，有徒众约两千人，噶举派的岗波巴也曾从他学法（参见王森：《西藏佛教发展史略》，中国藏学出版社，2010 年，第 58 页）。“宋政和三年（1113 年）噶当派京俄瓦弟子加玉・迅努畏在此建加玉寺，常以二谛秘密教授摄受弟子，他属于噶当要门派的传承系统”（参见《卫藏道场胜迹志》，注 260）。《青史》有加玉寺完整的传承历史和宗派故事（参见《青史》，第 190 ～ 201 页）。

至民主改革前，加玉寺共传承十世活佛，他们依次为：甲域哇钦波、桑达・朗喀坚才、竹念・衮嘎列巴、竹・扎巴坚才、仲・丹增桑布、丹增白久、雍衮多吉、衮嘎尼顿久米、阿旺白久曲吉坚才、土丹吉扎白桑布。

据调查，该寺早期建筑位于现寺院西约 3 千米处，现成废墟。第五世活佛仲・丹增桑布（《隆子县文物志》作“贡钦・白玛嘎布活佛”）于 1527 年向东迁建了现在的寺院建筑，包括杜康大殿、格桑颇章、佛塔、僧舍等。此时属主巴噶举派寺院。杜康大殿在“文革”时期因驻军得以保存。现在寺庙有三个僧人，半僧半俗，平时不开放，宗教节日时才开放接待信众朝拜（图 21-1）。

杜康大殿位于寺庙中部，坐北朝南，高三层，四角出檐雕刻卧狮一尊。一层由门廊、经堂、佛殿、护法殿等组成（图 21-2，图 21-3）。

门廊有 4 根柱子，左右两侧则各建一廊屋，右间设有通往二层的木梯。

图 21-1　加玉寺杜康大殿外景

经堂有 18 根柱子，中部柱子撑起天井，经堂东南北三壁尚残存部分壁画：

东壁中间为释迦牟尼，两侧为观音、白度母，之间有八大药师佛小像（图 21-4）。

南壁东段有四壁依怙及四大天王中的两尊，西段有四大天王中的两尊、金刚手大势至等（图 21-5）。

北壁只剩东段局部，主像为释迦牟尼及二弟子，周围似为噶举派高僧（图 21-6）。

这部分壁画应为 16 世纪中期建寺时所绘制。

佛殿 2 柱，主供强巴佛铜像，左右置无量光佛及燃灯佛铜像。佛殿两侧各辟一 2 柱小殿，西侧为库房，东侧为护法神殿贡康。

贡康四壁满绘壁画，题材为密宗护法神，黑色为底，以黄色线条勾勒，神像五官再用红、白色加以充填（图 21-7）。南壁壁画为天王“那姆赛”（图 21-8）；东壁北侧为骑马吉祥天母，中间为骑狮吉祥天母，南侧为骑龙吉祥天母（图 21-9）；北壁西侧为骑驴的吉祥天母，东侧为主巴噶举派护法神“枪姆觉”，又称罗睺罗，为藏传佛教中九曜之一（图 21-10）；西壁南侧为护法神（？），北侧为乌头依怙“贡布迦洛东灿”（图 21-11）。这部分壁画年代不详。

加玉寺是古涅地方（隆子一带）一座规模及影响较大的主巴噶举派寺庙，为涅地六大主巴噶举派寺庙之一，也是其中保存较好的一座。

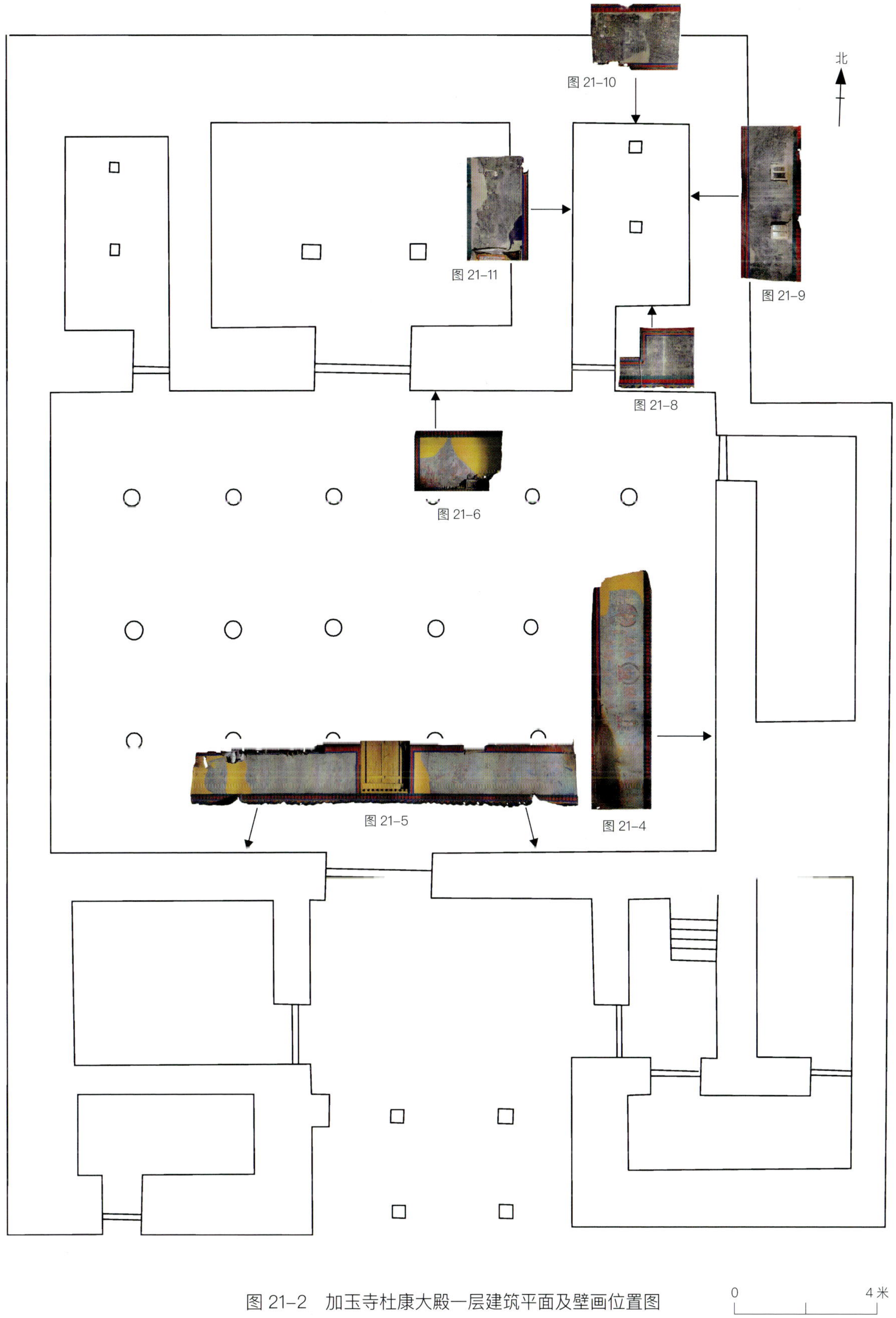

图 21-2　加玉寺杜康大殿一层建筑平面及壁画位置图

图 21-3　加玉寺杜康大殿经堂

图 21-4　加玉寺杜康大殿经堂东壁壁画

图 21-4　局部

图 21-5　加玉寺杜康大殿经堂南壁壁画

图 21-6　加玉寺杜康大殿经堂北壁东段壁画

图 21-6　局部

图 21-7　加玉寺杜康大殿护法神殿

图 21-8　加玉寺杜康大殿护法神殿南壁壁画

图 21-9　加玉寺杜康大殿护法神殿东壁壁画

图 21-10　加玉寺杜康大殿护法神殿北壁壁画

图 21-11　加玉寺杜康大殿护法神殿西壁壁画

第22章

隆子县白衮寺

白衮寺（བད་ཀུན་དགོན།）遗址位于隆子县列麦乡羊孜村，北纬 29° 16′ 57.1″，东经 91° 50′ 07.2″，海拔 3646 米。

白衮寺是一座噶玛嘎举派的寺庙，宗喀巴宗教改革之后，又改宗为格鲁派，创寺人及创建年代尚待考证（图 22-1）。

原大殿建筑与羊孜碉楼几乎连体，与羊孜颇章隔沟壑相望（图 22-2），大殿坐东朝西，长宽约 10 米，墙体系石块砌筑而成，现顶部已经完全坍塌，残墙最高约 4 米左右，北面和南面的残墙上尚有部分壁画痕迹，其中东壁尚残存噶玛嘎举派黑帽系活佛噶玛巴希肖像（图 22-3），东墙北端的木门楣上，残存一段藏文字迹（图 22-4），当为寺庙旧迹。1991 年，自治区文物普查队调查此寺时，壁画保存尚好（参见西藏自治区文物管理委员会编：《西藏佛教寺院壁画艺术》，四川人民出版社，2013 年），现在已近消失。

图 22-1　白衮寺遗址外景

图 22-2　从白衮寺遗址看羊孜颇章

图 22-3　白衮寺遗址大殿东壁噶玛巴希肖像

图 22-4　白衮寺遗址大殿东墙北端藏文字迹

第 23 章

隆子县帕堆寺

帕堆寺（པགས་སྟོད་དགོན།）位于隆子县热荣乡加木岭自然村东侧。北纬 28° 31′ 23.4″，东经 92° 02′ 20.9″，海拔 4282 米。

据寺志记载，帕堆寺由贡钦塔巴白桑于 1598 年创建，属格鲁派寺庙。1928 年，觉其·阿旺班丹对杜康大殿进行过一次维修。现建筑由杜康大殿及周围的僧舍、伙房等组成。杜康大殿坐北朝南，高二层，一层由门厅、经堂、佛殿等组成（图 23-1～图 23-3）。

门厅两柱，壁上有寺志和字母图残存，已模糊不清。门厅东、西两侧各建有小室。

经堂有四根柱子，四壁遍绘壁画。

北壁东侧，西端上方为创寺人贡钦塔巴白桑，下方为大日如来，其余部分连同整个东壁，题材为三十五佛（图 23-4）。北壁西侧，主像为释迦牟尼，上方两尊似为藏王，左下方两尊似为格鲁派上师，右下方似为龙树像（图 23-5）。

东壁题材为三十五佛（图 23-6）。

南壁东侧主像为释迦牟尼，四周为十六罗汉；西侧主像为释迦牟尼，上方为度母、四臂观音，下方两尊护法神为大威德金刚（图 23-7）。

西壁南侧绘八大度母，北侧主像为释迦牟尼，四周为佛传故事（图 23-8）。

经堂天井的西、北、东三壁也绘有壁画，题材为五部佛、三世佛和格鲁派高僧像（图 23-9～图 23-11）。

佛殿 2 柱，后壁主供释迦牟尼塑像，左侧为莲花生塑像，右侧为强巴佛塑像。二层天井周围有一些空置的房间，其中天井南面为喇嘛的居室。

图 23-1　帕堆寺航拍图

图 23-2　帕堆寺杜康大殿外景

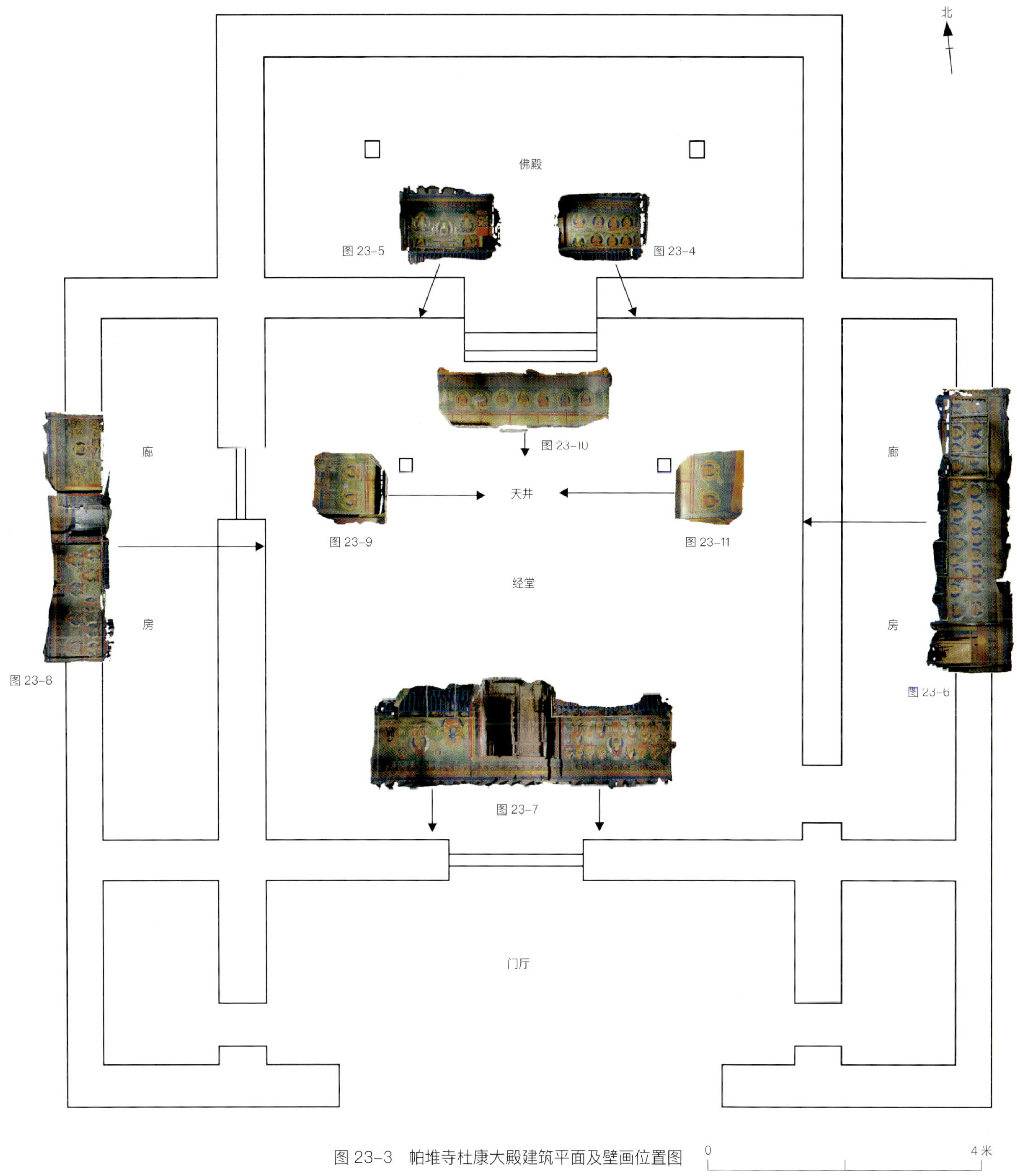

图 23-3　帕堆寺杜康大殿建筑平面及壁画位置图

图 23-4　帕堆寺杜康大殿经堂北壁东侧壁画

图 23-5　帕堆寺杜康大殿经堂北壁西侧壁画

图 23-6　帕堆寺杜康大殿经堂东壁壁画

图 23-7　帕堆寺杜康大殿经堂南壁壁画

图 23-8　帕堆寺杜康大殿经堂西壁壁画

图 23-8　局部

图 23-8　局部

图 23-9　帕堆寺杜康大殿经堂天井西壁壁画

图 23-10　帕堆寺杜康大殿经堂天井北壁壁画

图 23-11　帕堆寺杜康大殿经堂天井东壁壁画

第24章

错那县贡巴孜寺

贡巴孜寺（དགོན་པ་རྫེ་དགོན།）位于错那县错那乡夏日村南侧的山坡上，东距县城约 1 千米，北纬 27° 59′ 40.2″，东经 91° 58′ 28.2″，海拔 4467 米。

贡巴孜寺始建于 1420 年，创寺人为门巴族活佛丹巴嘉措，该寺第四辈活佛错那巴·西绕桑布与五世达赖是同时代人，他是错那县城附近的措隆村人，曾在隆子县扎果寺学经，对寺庙进行过大的扩建，他所著《律藏注疏》一书，是现在拉萨三大寺僧人的启蒙读物。贡巴孜寺现为拉萨甘丹寺的子寺，也是印度门达旺一带许多寺庙的母寺，此寺第十二辈活佛现居住在印度。“文革”时，寺庙建筑及文物受到严重破坏，僧尼被解散，寺庙被封闭。20 世纪 80 年代后，寺庙陆续修复。

贡巴孜寺建筑规模宏大，外有石砌围墙一周，建筑群依山势起伏，面积约 18000 平方米。建筑由南往北可分三组：第一组由广场、水房（曲康）、伙房（绒康）等构成；第二组由杜康大殿及东、西两侧的贡康殿、拉姆拉康殿组成；第三组由卓康及其附属建筑组成（图 24-1）。

卓康坐北朝南，门向南，殿内面阔三间、进深二间，包括厅堂、经堂、后殿、寝室等室，为寺庙现存最为完整的建筑（图 24-2，图 24-3）。

厅堂有 2 根柱子，用于僧侣拜见活佛或讲经说法处，厅堂内原来遍绘壁画，现多已不存，东壁南侧尚存一幅极富特色的“谒见图”，图上绘有来自印度、尼泊尔、汉地的使节及蒙、回等族

图 24-1　贡巴孜寺航拍图

的朝拜者群像，人物神态专注恭敬，服饰各异，反映出贡巴孜寺作为边疆地区宗教中心在历史上的显赫位置（图 24-4）。

经堂有 4 根柱子，保存有六世达赖仓央嘉措的坐床遗物（仓央嘉措为错那县勒布沟人，当地留下甚多遗迹、传说）（图 24-5）。东南北三壁皆有壁画，西壁放置书架，没有壁画。东壁绘十六罗汉（图 24-6，图 24-7）；南壁绘四大天王（图 24-8，图 24-9）；北壁东侧绘护法神曲班拉姆，她是文殊的静相化身，身骑白象，左手托宝幢，右手执火焰形桃符（图 24-10）。北壁西侧上方，左为白度母，中间为五世达赖（？）、右为六世达赖像（在其他寺庙中少见），下方为十六罗汉中的两位，其间为上师、本尊、护法小像（图 24-11）。厅堂和经堂壁画的年代约为 18 世纪。

后殿有 2 根柱子，北壁有壁柜一排，置有佛像。

图 24-2　贡巴孜寺卓康外景

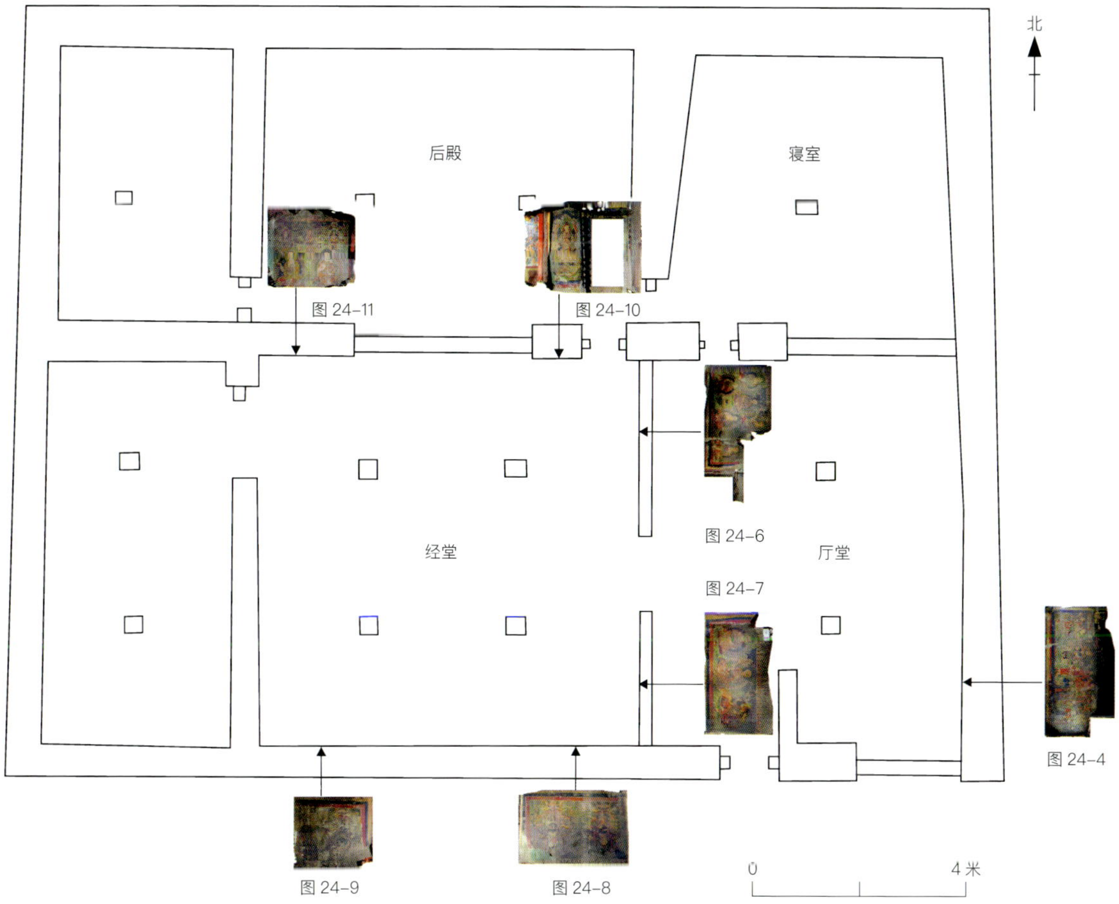

图 24-3　贡巴孜寺卓康建筑平面及壁画位置图

图 24-4　贡巴孜寺卓康厅堂东壁壁画

图 24-4　局部

图 24-5　贡巴孜寺卓康经堂

图 24-6　贡巴孜寺卓康经堂东壁北侧壁画

图 24-7　贡巴孜寺卓康经堂东壁南侧壁画

图 24-8　贡巴孜寺卓康经堂南壁东侧壁画

图 24-9　贡巴孜寺卓康经堂南壁西侧壁画

图 24-10　贡巴孜寺卓康经堂北壁东侧壁画

图 24-11　贡巴孜寺卓康经堂北壁西侧壁画

第25章

错那县桑亚拉康

桑亚拉康（བཟང་ཡག་ལྷ་ཁང་།）位于错那县浪坡乡扬堆村桑亚日山脚下，北纬 27° 51′ 58.1″，东经 92° 01′ 07.4″，海拔 4298 米。

桑亚拉康由桑亚喇嘛的后裔阿旺曲扎于 1942 年主持修建，为桑亚家族的私人拉康，属于主巴噶举派。桑亚拉康附近，桑亚家族还留下庞大的村落建筑群，极具西藏门巴族的建筑特色，因地处边境地区，附近群众搬迁，因而没有固定僧人管理，也不宜重修和开发，桑亚拉康现为县级文物保护单位。

桑亚拉康按着岩体走势，紧贴溪边崖壁而建，墙体用片石砌筑，高四层，坐东北朝西南。底层为牲畜圈；二层有五间房子，分别为卧室、客房、厨房及两间小仓库；三层为拉康所在，西北至东南总长 18 米，西南至东北宽 2.6 米，西北部有一柱见方的佛殿，其余为棚屋和库房；四层为空房，屋顶修有歇山式片石屋面（图 25-1，图 25-2）。

三层佛殿呈方形，室内边长 4.8 米，主供莲花生塑像（图 25-3）。佛殿的南壁西端残存财神像壁画（图 25-4）。西壁壁画保存完整，南侧主像为莲花生，四周为莲花生变化身；中部上方有四尊主像，自南向北分别为释迦牟尼、宗喀巴、错那巴·土登江白、错那巴·西绕桑布，下方为莲花生变化身及度母像；北端上方为文殊，下方为观音像（图 25-5）。佛殿顶部有两幅坛城图，西侧坛城中心为圆形，东侧坛城中心为十字形（图 25-6，图 25-7）。桑亚是莲花生传记中提到过的名字，相传莲花生曾在这一带生活过三个月的时间，此外，壁画还记录了贡巴孜寺活佛传承，反映了教派沿革，是当地佛教史的重要资料。

图 25-1　桑亚拉康外景

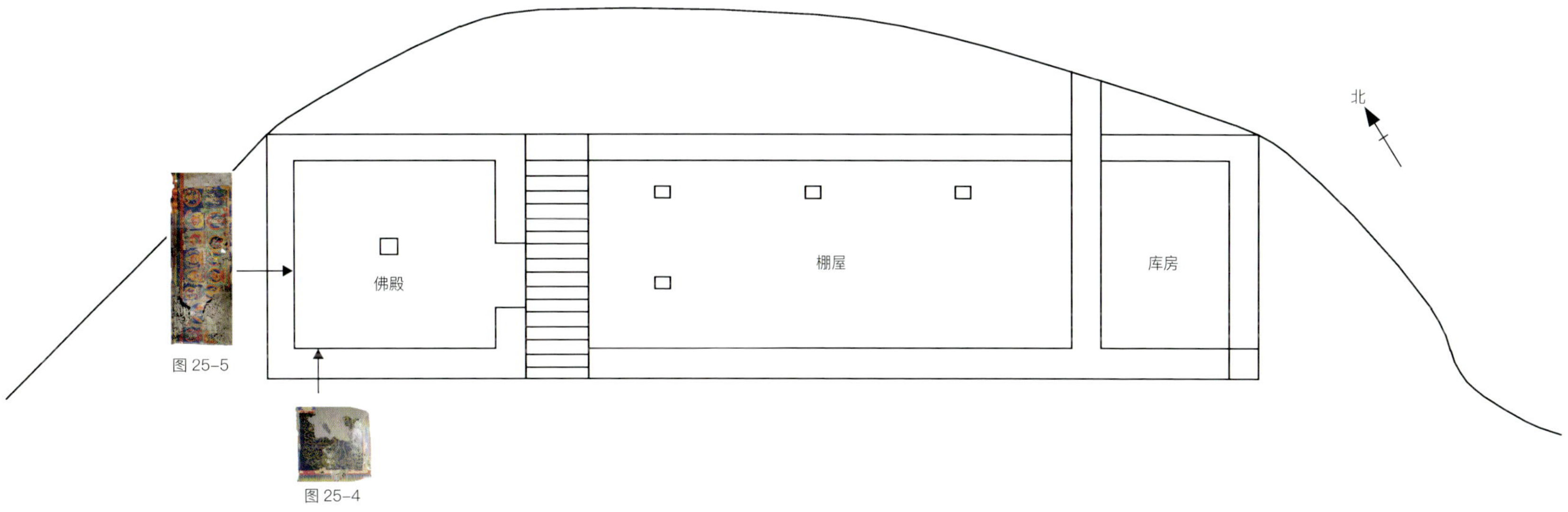

图 25-2　桑亚拉康三层建筑平面及壁画位置示意图

图 25-3　桑亚拉康三层佛殿内景

图 25-4　桑亚拉康三层佛殿南壁西端壁画

图 25-5　桑亚拉康三层佛殿西壁壁画

图 25-5　局部

图 25-6　桑亚拉康三层佛殿顶部西侧坛城图

图 25-7　桑亚拉康三层佛殿顶部东侧坛城图

第 26 章

错那县兴玛寺

兴玛寺（ཞིང་དམར་དགོན།）位于错那县曲卓木乡兴玛村，北纬 28° 13′ 49.2″，东经 91° 46′ 25.0″，海拔 4292 米。

“兴玛”为树木繁茂之意，现寺庙所在地仍有古老的沙棘林景观。寺庙由崔真强久活佛于 1436 年修建，属萨迦派，共传承八代活佛，现为拉萨朗杰思康寺的属寺，自治区级文物保护单位。

兴玛寺坐南朝北，建筑包括十二柱的杜康大殿及朱不拉康、丹增拉康、曲丹拉康、吉康、贡康等，1959～1969 年间，寺庙受到严重破坏，现在的建筑皆为近年重建，只有护法殿贡康为寺庙原来的建筑（图 26-1～图 26-3）。

贡康位于主体建筑的底层，有 4 根柱子，宽 5.5 米，深 5.9 米，门向南，四壁皆存壁画（图 26-4）。

东壁北端上方为释迦牟尼及弟子、下方为十六罗汉；窗户上方为玛尔巴、米拉日巴（？）；中部为萨迦五祖中的二祖，四周为萨迦派上师；南端主像为绿度母，上方为欢喜金刚本尊像，下方为白度母，两侧应为绿度母八大变化身（图 26-5）。

南壁东端上方为尊胜塔，中为尊胜佛母，下方神名不清，旁边为二天王（图 26-6）。

西壁南端主像为仲本曲吉帕巴（可能为创寺人）（图 26-7）；北端主像为萨迦班智达贡嘎坚赞，上方为持金刚、空行母，四周为萨迦派上师（图 26-8）。

北壁设佛坛，供奉四尊金铜像，自西向东分别为金刚手大势至、护法神“婆罗门身吉祥怙主”、金刚护法（帝释天）、吉祥天母，壁画为三世佛、八大药师佛及三十五佛（图 26-9）。

贡康现为寺庙的护法殿，但从壁画的题材看，原来应是寺庙中的某个经堂。从壁画的题材、风格分析，应为 15 世纪建寺时绘制。

图 26-1　兴玛寺航拍图

图 26-2　兴玛寺外景

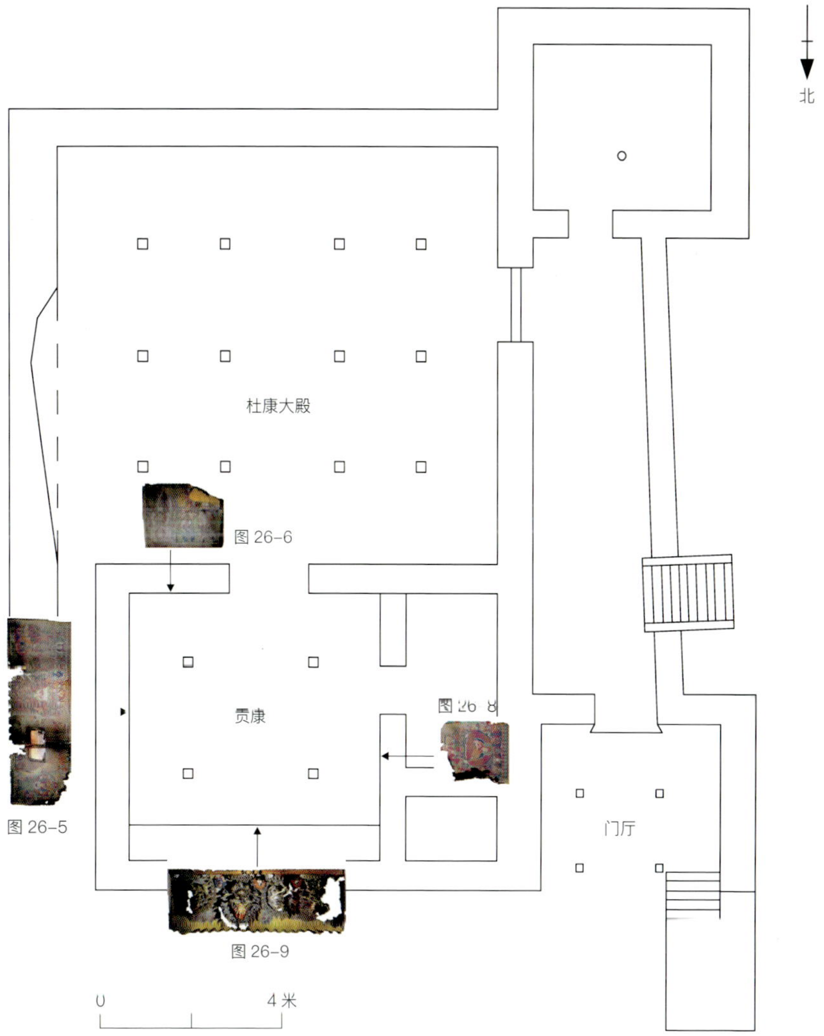

图 26-3　兴玛寺建筑平面及壁画位置图

图 26-4　兴玛寺护法殿

图 26-5 兴玛寺护法殿东壁壁画

图 26-5　局部

图 26-5 局部

图 26-6　兴玛寺护法殿南壁东端壁画

图 26-7　兴玛寺护法殿西壁南端壁画

图 26-8　兴玛寺护法殿西壁北端壁画

图 26-9　兴玛寺护法殿北壁佛坛

第 27 章

错那县卡达寺

卡达寺（ཁ་དགས་དགོན།）位于错那县卡达乡卡达村东北约 0.5 千米，北纬 28° 04′ 58.2″，东经 92° 22′ 07.8″，海拔 4032 米。

卡达寺本名扎西曲德林，由甲央·丹增扎巴活佛于 1442 年创建，其中融合了宁玛派、萨迦派、博东派等教派，浪卡子县的桑定寺是它的母寺，在举行宗教活动时，上述三种教派的仪式都同时进行。

寺庙北临冲沟，坐西朝东，主体建筑原为三层，“文革”期间，一层因作粮库而得以保存，上层建筑大部分被毁，现在的二层僧舍及小佛殿为后期重修。建筑墙体西北角有一尊原木雕狮子。此寺于 2009 年公布为自治区级文物保护单位（图 27-1，图 27-2）。

一层建筑由门厅、经堂、佛殿等组成（图 27-3）。

门厅 2 柱，无壁画。经堂有 24 根柱子，方柱上承雀替、栌斗，雕绘有龙头、莲珠、云纹等图案。经堂的铜像中，包括八变莲花生、大日如来双身像、博东派大师其美扎巴、度母等（图 27-4）。

经堂旧壁画仅存西壁北侧部分，面积约 6 平方米，内容包括白度母、观音、八大药师佛、吉祥天母等（图 27-5）。年代应为建寺同时期。

北壁西侧和西壁南侧，为新绘制的壁画，其中北壁西侧主像为莲花生及二妃，四周似为八变莲花生，之间绘有佛陀、护法、高僧小像（图 27-6）；西壁南侧壁画，中间为五部佛，四周为三十五佛（图 27-7）。据寺僧介绍，这部分新壁画是在旧壁画的基础上绘制的。

经堂的南侧现为库房；经堂北侧的护法殿，西、北、东、南四壁（图 27-8 ~ 图 27-11）皆为近年新绘壁画，题材为各种护法神像。

经堂西侧为佛殿，内有 2 柱，主供新塑的释迦牟尼像，右侧有一尊帝释天木雕像，为旧物。

图 27-1　卡达寺航拍图

图 27-2　卡达寺外景

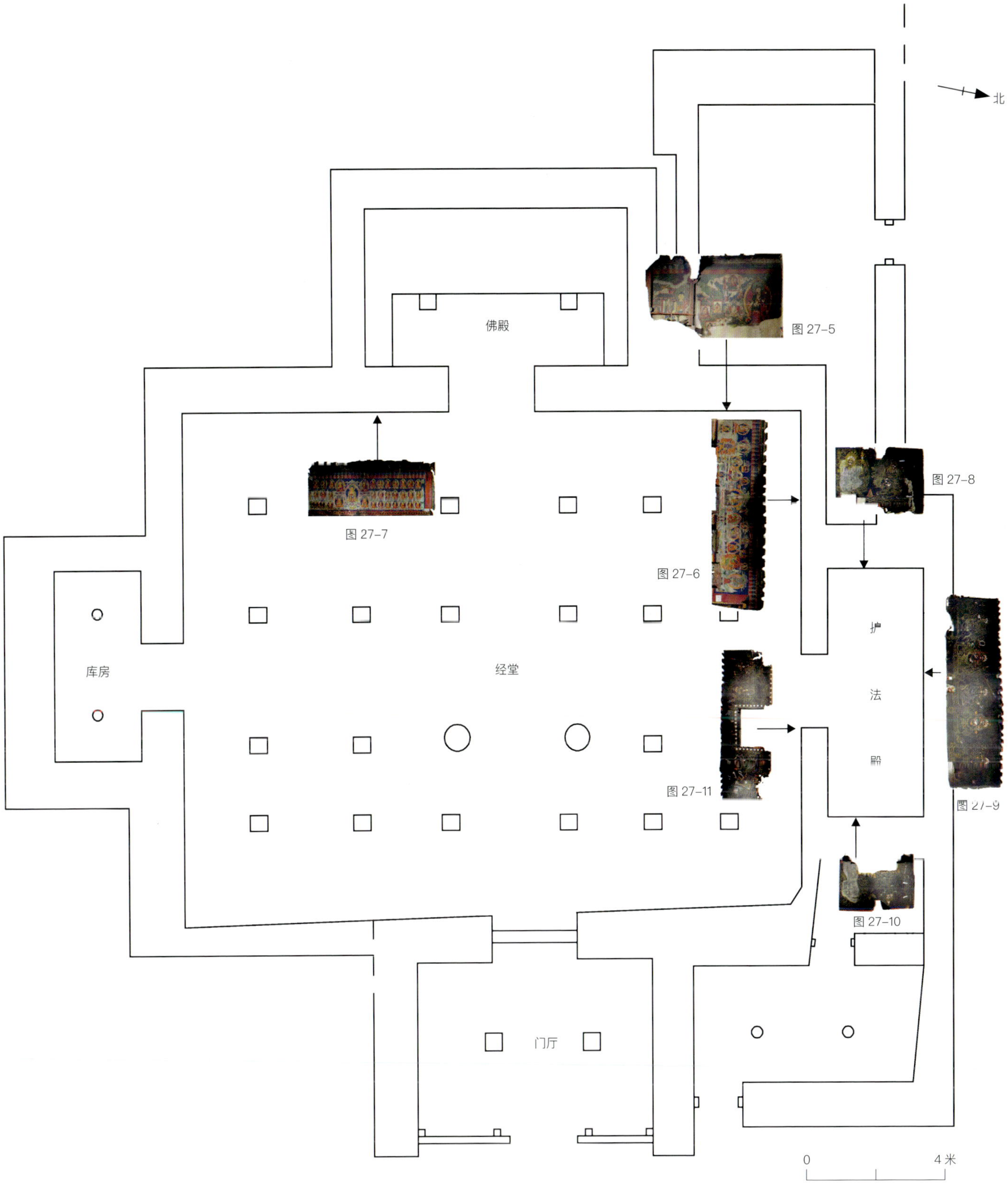

图 27-3　卡达寺建筑平面及壁画位置图

图 27-4　卡达寺经堂内景

图 27-5　卡达寺经堂西壁北侧壁画

图 27-6　卡达寺经堂北壁西侧壁画

图 27-7　卡达寺经堂西壁南侧壁画

图 27-8　卡达寺护法殿西壁壁画

图 27-9　卡达寺护法殿北壁壁画

图 27-10　卡达寺护法殿东壁壁画

图 27-11　卡达寺护法殿南壁壁画

第28章

措美县强曲林寺

强曲林寺（བྱམས་ཆུབ་གླིང་དགོན།）位于措美县波嘎乡强曲林村，北纬 28° 24′ 11.0″，东经 91° 30′ 23.4″，海拔 4515 米。

强曲林寺由努布钦・桑杰益西之转世桑达・赤列伦珠于 17 世纪中叶创建，桑达・赤列伦珠为当地人，是敏珠林寺的创建者德达岭巴・吉美多杰的父亲。此寺于 1676 年成为敏珠林寺的属寺，属宁玛派。寺庙在"文革"中遭毁，1985 年，当地僧人和信众筹资维修（图 28-1）。

寺庙主体建筑坐北朝南，由经堂、佛殿、护法神殿、伙房等部分组成。经堂有 8 根柱子。护法神殿长 6 米，宽 3.2 米，有 2 根柱子，门向东，四壁绘有壁画（图 28-2）。

北壁主像不清，上方有残存金刚、金刚手、莲花生等小像（图 28-3）。

东壁北侧骑马者似为天王，中部主像仅存下部，为骑狮护法（莲花生收伏的护法神），南侧为尸林的场景（图 28-4）。

南壁为护法神的随从黑牛、狗、马、鸟及供品（图 28-5）。

西壁自南向北分别为"贡布麦年"及随从、地方护法"杰布公额"（右上方为骑鹏护法）、护法神"贡巴令底"、罗睺罗（图 28-6）。

这部分壁画与常见的神法殿线描不同，年代推测为 17 世纪中叶的建寺时期。

图 28-1　强曲林寺外景

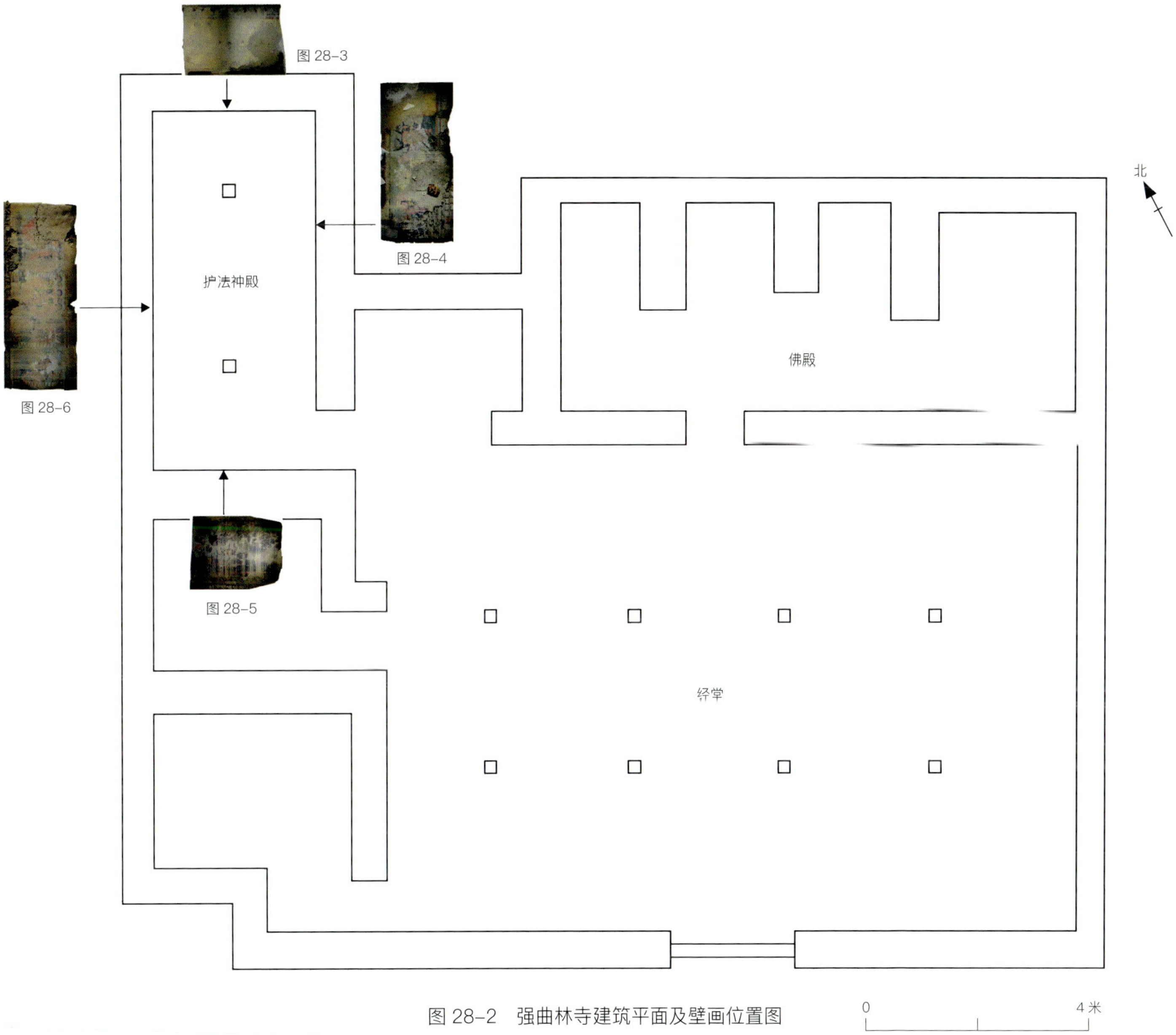

图 28-2　强曲林寺建筑平面及壁画位置图

图 28-3　强曲林寺护法神殿北壁壁画

图 28-4　强曲林寺护法神殿东壁壁画

图 28-5　强曲林寺护法神殿南壁壁画

图 28-6　强曲林寺护法神殿西壁壁画

第 29 章

措美县拉沃寺

拉沃寺（ལྷ་འོག་དགོན།）位于措美县波嘎乡洽堆村，北纬 8° 23′ 43.9″，东经 91° 28′ 49.2″，海拔 4364 米。

拉沃寺由洛扎著名的大成就者南喀坚赞于 14 世纪创建，属宁玛派。初称为“桑布寺”，后因地基下陷迁至今址，并改名“拉沃寺”，现为拉萨色拉寺的属寺，仍为宁玛派。寺庙在“文革”期间遭到破坏，20 世纪 80 年代后，陆续得到了修缮。

主体建筑措钦大殿为单层建筑，坐北朝南，由门厅、经堂、佛堂、护法殿等组成（图 29–1，图 29–2）。

经堂宽 9.4 米，深 7.05 米，有 6 根柱子，墙上无壁画。

经堂北面为佛殿，无柱子，西壁残存壁画为释迦牟尼佛（图 29–3），北壁西端残存壁画为金刚手（图 29–4），北壁东侧残存壁画为绿度母（图 29–5）。

佛殿西边为护法神殿，宽 3.7 米，深 8.4 米，有 2 根柱子，北壁为神龛，东、南、西三壁绘有壁画，黑底黄线或红线。东壁北侧为骑虎护法，南侧为骑羊护法“当杰多吉立巴”（图 29–6）。南壁为牦牛、箭、法号、经幢等供品（图 29–7）。西壁中间为密咒护持母独髻佛母（图 29–8）。

以上壁画的年代不详。

图 29–1　拉沃寺外景

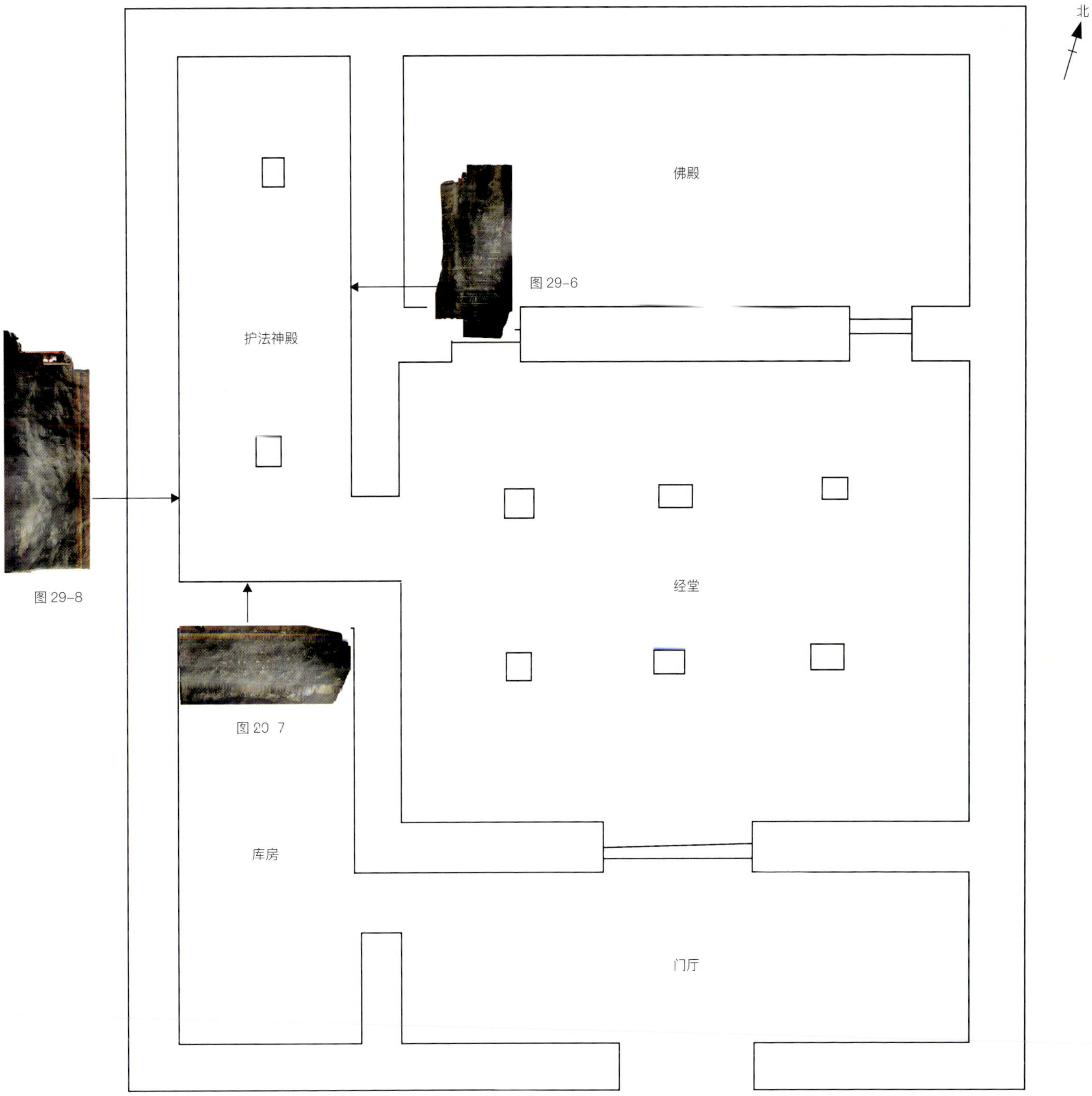

图 29-2　拉沃寺措钦大殿建筑平面及壁画位置示意图

图 29-3　拉沃寺佛殿西壁残存壁画

图 29-4　拉沃寺佛殿北壁西侧残存壁画

图 29-5　拉沃寺佛殿北壁东侧残存壁画

图 29-6　拉沃寺护法神殿东壁壁画

图 29-7　拉沃寺护法神殿南壁壁画

图 29-8　拉沃寺护法神殿西壁壁画

第 33 章

措美县卓德寺

卓德寺（འཇོག་བདེ་དགོན།）位于措美县哲古镇卓德村拉日山上，北纬 28° 52′ 01.1″，东经 91° 15′ 44.0″，海拔 4536 米。

卓德寺为结旺·托吉班觉于 1139 年修建，后奉主巴噶举派。该寺五世活佛赤列加措时，卓德寺进行了一次大的维修扩建。五世达赖时期，卓德寺成为贡嘎宗德庆曲果寺（主巴噶举派）的属寺。

卓德寺建在山顶，原来规模很大。大殿为三层建筑，坐北朝南，东西长 25 米，南北宽 10.6 米。“文革”期间，大殿作为粮仓而幸存，寺内的平措曲旦塔及四座附属拉康均被拆除，现在尚可见墙根（图 33-1，图 33-2）。

大殿一层为贮藏室和杂房。贮藏室内绘有“牛犸吐宝图”（图 33-3），壁画年代不详。

二层由门廊、经堂和佛殿组成。经堂有 12 根柱子，柱上置方形栌斗，上为两层雀替，彩绘芝花，中部 2 柱支撑起天井。经堂尚存局部壁画，但被书柜遮住（图 33-4、图 33-5）。经堂天井西北东三壁绘有壁画。西壁南侧为二天王，北侧为十六罗汉的部分（图 33-6）。北壁中间为释迦牟尼及弟子，两侧为十六罗汉中的部分，上方有上师小像，自西向东分别为山金尼巴·白玛格勒（三安曲林寺第四代活佛）、汤结凯巴·阿旺罗布（热隆寺活佛？）、白觉则确吉坚赞（扎囊顶布齐寺活佛）、结旺·托吉班觉（本寺创建人，卓德寺一世活佛）（图 33-7）。东壁北侧为十六罗汉部分，南侧为二天王（图 33-8）。壁画色彩明丽，以红绿为主调，从风格上分析，年代应在 17 世纪中叶的五世达赖时期。佛殿有四柱，无壁画。

三层拉玛拉康保存有局部线绘壁画，西壁南侧为观音和三十五佛（图 33-9），南壁（图 33-10）和东壁南侧（图 33-11）皆为三十五佛，年代不详。三层活佛修行殿门厅尚残存局部壁画，门左侧为六长寿（图 33-12），右侧为和睦图（图 33-13），年代不详。

图 33-1　卓德寺航拍图

图 33-2　卓德寺外景

图 33-3　卓德寺大殿一层贮藏室壁画

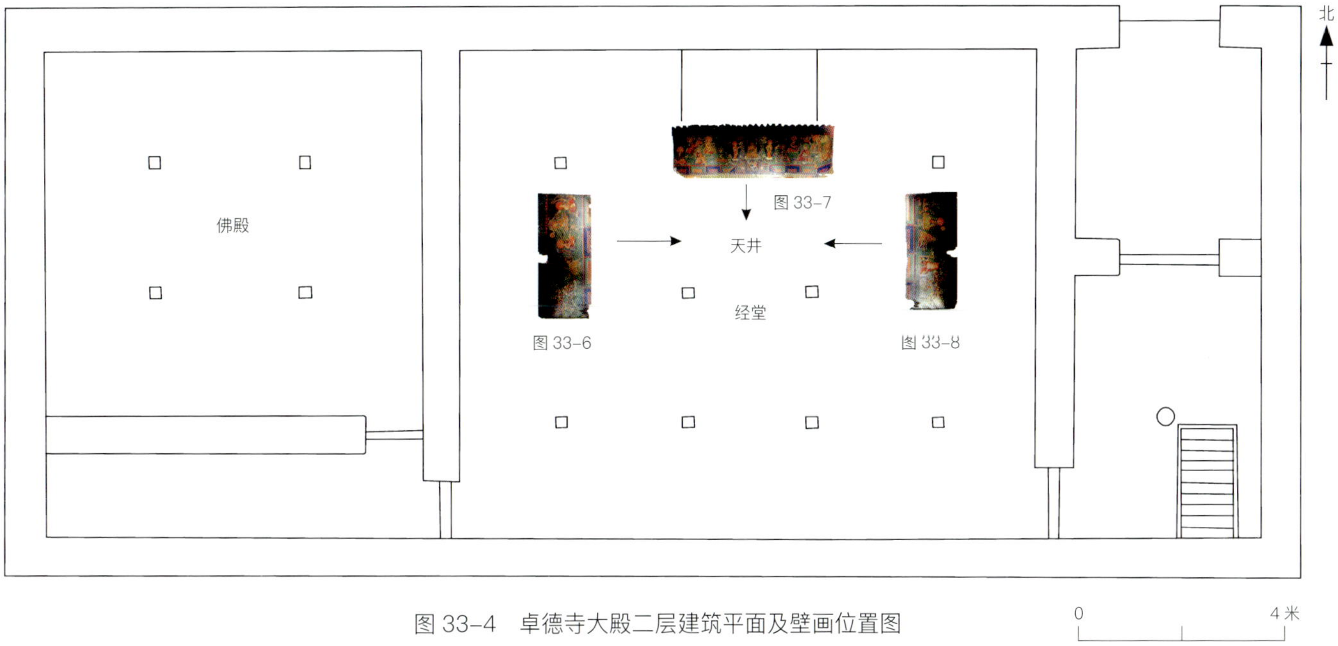

图 33-4　卓德寺大殿二层建筑平面及壁画位置图

图 33-5　卓德寺大殿二层经堂内景

图 33-6　卓德寺大殿二层经堂天井西壁壁画

图 33-7　卓德寺大殿二层经堂天井北壁壁画

图 33-8　卓德寺大殿二层经堂天井东壁壁画

图 33-9　卓德寺大殿三层拉玛拉康西壁南侧壁画

图 33-10　卓德寺大殿三层拉玛拉康南壁壁画

图 33-11　卓德寺大殿三层拉玛拉康东壁南侧壁画

图 33-12　卓德寺大殿三层修行殿门厅左侧壁画

图 33-13　卓德寺大殿二层修行殿门厅右侧壁画

སཔར་ཆུ་དགོས

第34章

洛扎县卡久寺

卡久寺（མཁར་ཆུ་དགོན།）位于洛扎县拉康镇西南的卡久山巅，北纬 28° 05′ 38.2″，东经 91° 07′ 17.0″，海拔 3650 米。

“卡”在藏语中意为岩石或城堡，在这里指岩石；“久”在藏语中意为水，这里指岩石缝隙中流下的泉水；卡久寺因此而得名。

相传莲花生带领众弟子在卡久岩洞中修行达 7 年之久，先后有 21 位得道者。

“喀曲是一个极重要的修道处与隐藏伏藏处，其地名早见于《五部遗教》。该书尚载有赤松德赞时耶协旺布被娘·丁增布所逼迫，曾来喀曲隐居修道。鲁·南喀宁布在此为牟底赞普传授无上大瑜伽灌顶。佛教后兴时期安达娘曾在此发现伏藏，古汝却旺也在此掘出了不少伏藏。宁玛派的梅龙多吉也在喀曲修过道，以后此地则为主巴噶举派所占有。主巴的洛热巴、郭仓巴都在此修过道，并扩建了寺宇”（引《卫藏道场胜迹志》，注 358）。

“……耶协旺布听到后，便逃避到洛扎的喀尔丘赞的地方的岩洞中修行去了。他颈胸套上修

图 34-1　卡久寺外景

图 34-2　卡久寺雾景

图 34-3　卡久寺“夹普坚”修行洞环境

行的法绳，洞外修了籐桥，静坐潜心修行。鸟儿象栖息在土石上一样栖落在他的身体上。但对和他一块修行的法友，鸟儿却连他们的近处也不敢飞落”（引拔塞囊著，佟锦华、黄凡布译注：《〈巴协〉（增补本）译注》，四川民族出版社，1990年，第48页）。

“鲁·南喀宁布：赤松德赞时，他和聂·阇那古玛热等译师配合印度大德达摩格地（按：Dharmakirti，法称）等共同翻译《普成王经》《集密意经》《幻变修部八教经》等密经。复由莲花生将其暗藏于山岩湖滨之间，后宏时期被人发掘出来，此即有名之集、幻、心三部密乘典籍，为宁玛派所绍承宏广。”（引《卫藏道场胜迹志》，注388）

“夹浦坚：在洛扎喀曲附近。主巴噶举派藏巴嘉热曾在此长时修道，宁玛派古汝却旺也在此掘出重要伏藏。”（引《卫藏道场胜迹志》，注389）

从上述文献分析，卡久寺初为莲花生修行地，此后，主巴噶举派的洛热巴（1187～1250年）、郭仓巴（1139～1258年）都在这里修行，并扩建了寺庙。1290年，西藏著名的宁玛派大师梅龙多吉（1243～1303，编者按：梅龙多吉是大圆满宁提伏藏传承第四代，隆庆热将巴是第五代）到卡久修行洞，广收弟子，修建了卡久吉祥隐修院。1577年，卓贡藏巴甲热·益西多吉之第四世转世活佛主巴·白玛嘎布对卡久寺进行了修缮扩建。五世达赖时期改宗为宁玛派，并更名为卡久噶丹堆迥玲（卡久喜乐降魔寺），并扩建了12柱大殿。1952年又经过一次维修。“文革”期间，寺庙遭到毁坏，1985年以后陆续修复，2007年公布为自治区级文物保护单位（图34-1，图34-2）。

卡久寺主殿坐东朝西，门厅2柱，壁画为四大天王。集会大殿12柱，主供一尊菩提塔和八尊莲花生塑像，墙上绘十六罗汉壁画，皆为新绘。天井无壁画。佛殿2柱，供奉莲花生塑像。

“夹普坚”修行洞位于寺庙西面的崖壁中间，与寺庙直线距离约600米，建筑墙体砌在巨大的岩石缝隙间，面朝西，高三层，以木梯相连，底层供有2座白塔，二层为僧舍，三层主供莲花生像。三层西壁有壁画，中间为莲花生及眷属，左右有8尊宁玛派大师，年代较晚（图34-3）。

修行洞的外墙上绘有壁画，造像构图自由，题材为莲花生众弟子像，包括取宝藏法、水上行走、降魔、寻物等情景，人物之间饰云朵、花卉，反映了宁玛派大瑜伽修行者的种种神通，壁画的年代可能为五世达赖时期。近年在原来壁画的旧痕上新描了彩绘（图34-4）。

图34-4　卡久寺“夹普坚”修行洞外墙壁画

第35章

浪卡子县绒布拉康

绒布拉康（རོང་པོ་ལྷ་ཁང་།）位于浪卡子县多却乡绒布村委会所在地，北纬 28° 42′ 56.0″，东经 90° 47′ 49.1″，海拔 4536 米。

据传，绒布拉康为松赞干布时期所建 182 座镇边神殿之一，属宁玛教派，佛殿大门上的五尊人身兽面木雕，富有吐蕃时期的气息。“文革”时期建筑因用于粮库而幸免被毁。主殿建筑坐北朝南，高二层，一层由门厅、佛殿、嘛呢拉康组成（图 35-1，图 35-2）。

门厅 2 柱，新绘有四大天王、生死轮回图、莲花生坛城等壁画。

佛殿四柱，北壁主供释迦牟尼泥塑像（图 35-3）。南壁壁画已经黯淡难辨；西壁、东壁皆被书柜遮住，仅东壁南端尚有莲花生坛城图（图 35-4），壁画的年代不详。

佛殿西侧为嘛呢拉康，内置铜质的转经筒。佛殿东南角有木梯可以上二层，二层为护法神殿。除主殿外，现建有僧舍、伙房、库房、接待室等。

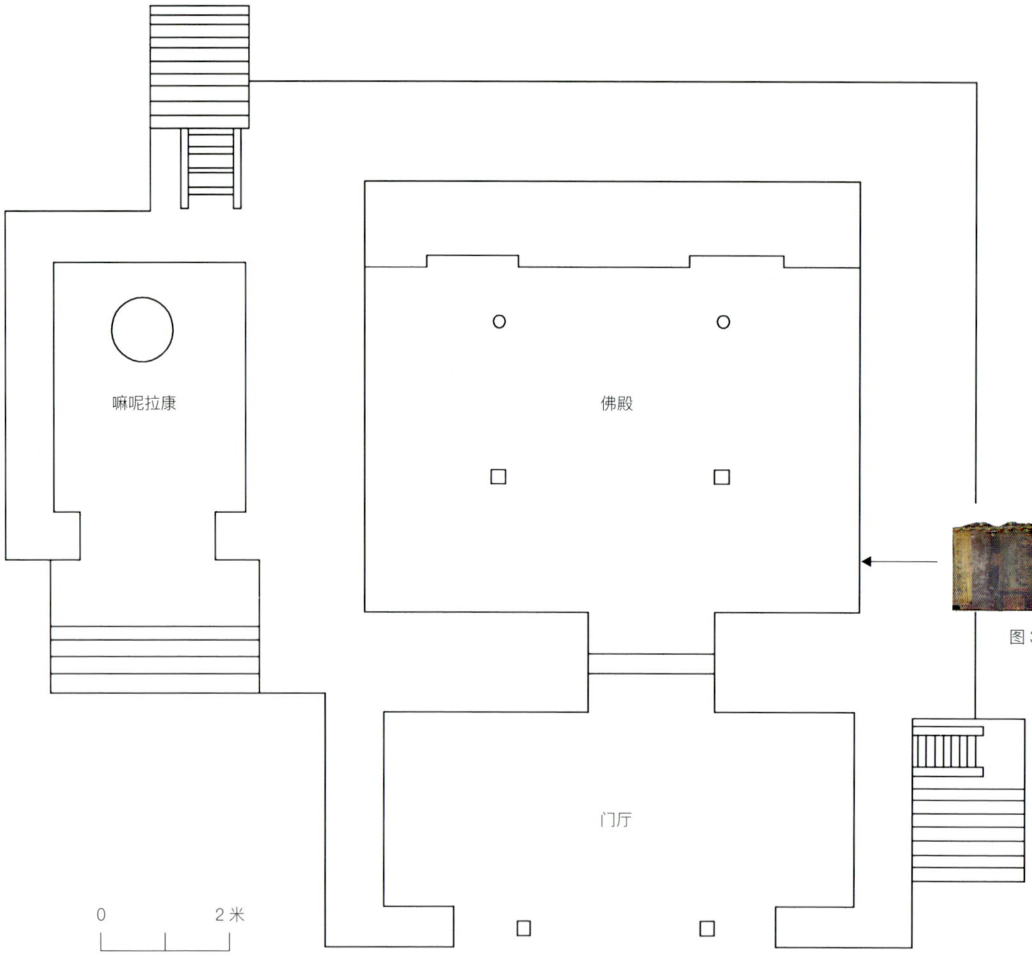

图 35-4

图 35-2　绒布拉康建筑平面及壁画位置图

图 35-1　绒布拉康外景

图 35-3　绒布拉康佛殿主供释迦牟尼像

图 35-4　绒布拉康佛殿东壁南端壁画

第 36 章

扎囊县结林措巴寺

图 36-1　结林措巴寺航拍图

图 36-2　结林措巴寺外景

结林措巴寺（རྒྱལ་གླིང་ཚོགས་པ་）位于扎囊县扎塘镇结吉林村，北纬 29° 11′ 58.8″，东经 91° 19′ 25.0″，海拔 3639 米。

结林措巴寺由印度僧人喀且班钦·释迦室利（1127 ~ 1225 年）弟子妥乍哇·强久贝于 1224 年创建。释迦室利从印度带来的是“说一切有部”戒律，在西藏有四个传承系统，分别为乃东的则措巴、扎其多的葱堆措巴、扎囊的结林措巴、藏绒的却隆措巴。结林措巴寺是四大措巴之一，《青史》中的“更敦贡巴寺”传承（参见《青史》，第 702 页），即指此寺。

结林措巴寺建筑布局与同时期的扎囊县葱堆措巴寺相似，围墙内侧原有一周二层楼的僧舍，现仅见围墙。主殿坐北朝南，高三层，“文革”时期被当作粮库才得以保存（图 36-1，图 36-2）。

二层建筑由门厅、大经堂、佛殿、护法殿、密室等组成（图 36-3）。

门厅有 4 根柱子，柱头雕刻有狮头、云纹、卷草纹、垂莲纹等，四壁皆有壁画：

① 西壁南侧为西方广目天王（图 36-4）；

② 西壁转折处为四臂观音（图 36-5）；

③ 西壁北侧不清；

④ 北壁西侧为轮回图、北方多闻天王，东侧为东方持国天王、妙高山图（图 36-6）；

⑤ 东壁北侧为弥勒佛、白度母（图 36-7）；

⑥ 东壁转折处不清；

⑦ 东壁南侧为南方增长天王（图 36-8）。

除正门外，建筑东南角还有一个侧门，并设有侧门厅，其西、北两壁均残存局部壁画，西壁可辨释迦牟尼、莲花生像（图 36-9），北壁为二尊护法神像（图 36-10）。这部分壁画，年代约在 17 世纪前后。

经堂有 30 根柱子，中央两根撑起天井（图 36-11）。经堂大部分壁画被石灰覆盖，仅南壁保存较好，南壁东侧分别为白度母及化身、无量寿佛、尊胜佛母及化身；西侧东部为白度母、无量寿佛、尊胜佛母三尊大像，大像之间有莲花生、绿度母小像，西部为寂护、莲花生、赤松德赞三尊大像，大像之间为莲花生二十五变化身。这部分壁画应为晚近所绘（图 36–12）。

天井的西、北、东三壁，皆绘有壁画。西壁似为无量寿佛及化身（图 36–13）；北壁中间为释迦牟尼及弟子，两侧为十六罗汉和四大天王（图 36–14）；东壁主像似为四臂观音、无量寿佛、度母，下方为莲花生，上方为上师像（图 36–15）。这部分壁画，年代约在 17 世纪前后。

佛殿有 4 根柱子，主供释迦牟尼及弟子塑像（图 36–16），四壁皆有壁画。南壁门楣上绘吉祥八宝，西侧主像为北方王次列（地方护法神），上方为宗喀巴及密教本尊，顶部为佛传故事；东侧主像为财神"那姆赛"，下方为四大天王，上方左侧为持金刚，右侧为"瞻巴拉"，顶部为佛传故事（图 36–17）。西壁主像为释迦牟尼佛，周围为三十五佛（图 36–18）。北壁西侧上方为释迦室利，下方为创寺人妥乍吐·强久贝活佛，东侧上方为娘·温索那桑布，下方为创寺人则仲巴·赞巴旺秋（图 36–19）。东壁主像为释迦牟尼及八大药师佛；顶部第一排为药师佛及各教派上师；第二排，自北向南分别是白度母、大日如来、无量寿佛、尊胜佛母、度母；主像的两侧及下方正中，有八尊日光菩萨站立像，称为"尼威锡金结"；左下方和右下方共有 12 尊蹲坐式的药叉大将像；下方日光菩萨的左侧为四面梵天立像，右侧为帝释天（因陀罗）立像，壁画的右下角的骑猪者为遍入天（毗湿奴）（图 36–20）。

这部分壁画中，主像的佛座为早期的双狮座，壁画天众中包含着缜密的教理，下方护法神祇囊括了印度教的三大神祇（梵天、毗湿奴、因陀罗），充满了来自印度的原生气息，在西藏寺庙中少见，这部分壁画的创制思想，显然受到来自印度大师的影响，现存壁画应属后期重绘，年代约在 17 世纪前后。

佛殿东西两边各有一间护法神殿，西护法神殿神像及壁画皆已不存，东护法神殿尚残存局部壁画，为胜乐金刚，应为晚近所绘（图 36–21）。

第三层环绕天井回廊原绘有壁画，现大多被毁，仅有零星残存（图 36–22），年代不详。

图 36–3 结林措巴寺主殿二层建筑平面及壁画位置图

图 36-4 结林措巴寺门厅西壁南侧（A）壁画

图 36-5 结林措巴寺门厅西壁转折处（B）壁画

图 36-6 结林措巴寺门厅北壁（D）壁画

图 36-7　结林措巴寺门厅东壁北侧（E）壁画

图 36-8　结林措巴寺门厅东壁南侧（G）壁画

图 36-9　结林措巴寺主殿侧门厅西壁局部壁画

图 36-10　结林措巴寺主殿侧门厅北壁局部壁画

图 36-11　结林措巴寺主殿经堂

图 36-12　结林措巴寺经堂南壁壁画

图 36-12　局部

图 36-12　局部

图 36-13　结林措巴寺经堂天井西壁壁画

图 36-14　结林措巴寺经堂天井北壁壁画

图 36-15　结林措巴寺经堂天井东壁壁画

图 36-16　结林措巴寺佛殿释迦牟尼像

图 36–17　结林措巴寺佛殿南壁壁画

图 36–17　局部

图 36-18　结林措巴寺佛殿西壁壁画

图 36-19　结林措巴寺佛殿北壁壁画

图 36-19　局部

图 36-20　结林措巴寺佛殿东壁壁画

图 36-20　局部

图 36-21　结林措巴寺东护法神殿局部壁画

图 36-22　结林措巴寺三层回廊残存壁画

第 37 章

扎囊县朵阿林寺

朵阿林寺（མདོ་སྔགས་གླིང་དགོན།）位于扎囊县桑耶镇松卡村，北纬 29° 20′ 49.2″，东经 91° 26′ 25.7″，海拔 3872 米。

朵阿林寺由宗喀巴弟子强赛·滚嘎桑布（1366～1444 年）于 1438 年创建，为哲蚌寺古玛扎仓的属寺。“文革”期间，该寺因作为仓库而得以保存，后因无人管理而塌毁，近年重新修复（图 37-1，图 37-2）。

主殿坐北朝南，南北长 32 米，东西宽 15 米，由门厅、经堂、佛殿、央康、贡康等组成。门厅左侧墙壁上原有寺史，已模糊不清。

经堂有 16 根柱子，佛殿有 2 根柱子，围绕佛殿有转经回廊，皆无壁画。

经堂东侧建有狭窄的佛堂，称“央康”，北壁及东壁北侧尚保存零星的壁画，但已漫漶不清，北壁主像作跏趺坐，上方和西侧有方格状分布的眷属和上师小像，壁画笔触细腻，敷金讲究，应是 15 世纪建寺时留下的遗迹（图 37-3）。

贡康（护法神殿）位于经堂南面西侧，北壁和东壁尚残存壁画。北壁主像为护法神红面狱卒（桑耶寺常见护法神），上方为护法神的随从（图 37-4）；东壁北侧也为护法神的随从、供品，其余图像已不清（图 37-5）；这部分壁画的年代不详。

图 37-1　朵阿林寺外景

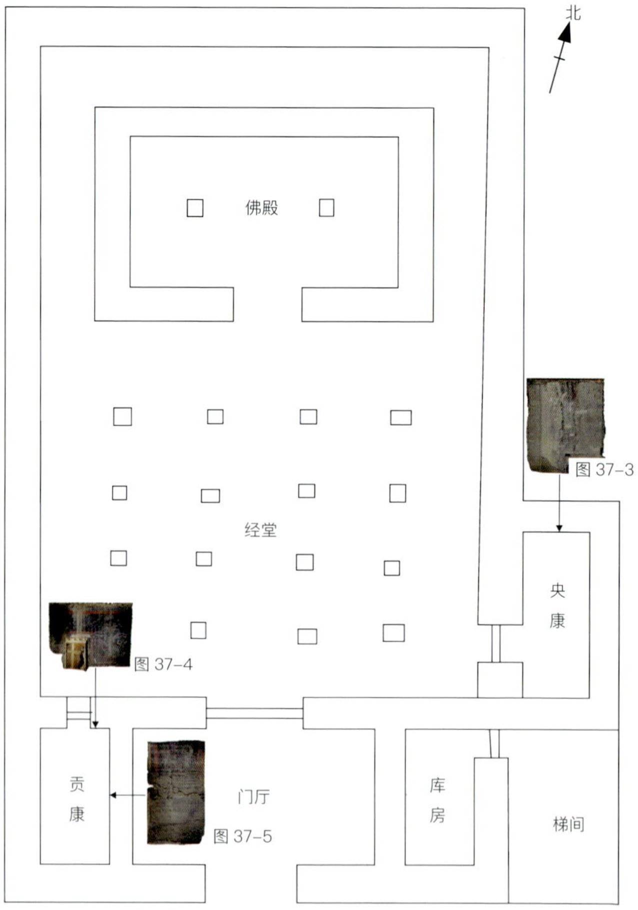

图 37-2　朵阿林寺主殿建筑平面及壁画位置示意图

图 37–3　朵阿林寺央康北壁局部壁画

图 37–4　朵阿林寺护法神殿北壁壁画

图 37–5　朵阿林寺护法神殿东壁北侧壁画

第 38 章

扎囊县亚钦寺

亚钦寺（གཡའ་ཆན་དགོན།）位于扎囊县吉汝乡德吉林村，北纬 29° 06′ 34.8″，东经 91° 16′ 52.3″，海拔 3797 米。

寺庙由“扎囊十三贤”之一的亚钦·乌坚林巴于公元 14 世纪（藏历第五饶炯水猪年）创建，尊奉宁玛派。主体建筑平面略呈“亞”字形，高三层，坐北朝南，东偏 30°，面积约 150 平方米。“文革”时期三层建筑被毁，20 世纪 80 年代重新恢复（图 38-1 ~图 38-3）。

一层南面设门，无门厅，经堂 2 柱，无壁画。经堂两侧为库房、杂屋。经堂后为佛殿，2 柱，东、西墙壁绘有壁画，西壁为莲花生（图 38-4），东壁为马头明王（图 38-5）。据说为创建人亲笔绘制。绕佛殿建转经回廊，廊宽 1.3 米。第二层形制与底层相同。二层转经回廊东壁、北壁绘三十五忏悔佛像（图 38-6，图 38-7），上述壁画年代不详。

寺内保存部分嘛呢石刻像，题材有佛像、莲花生像、灵塔等。

图 38-1　亚钦寺航拍图

图 38-2　亚钦寺外景

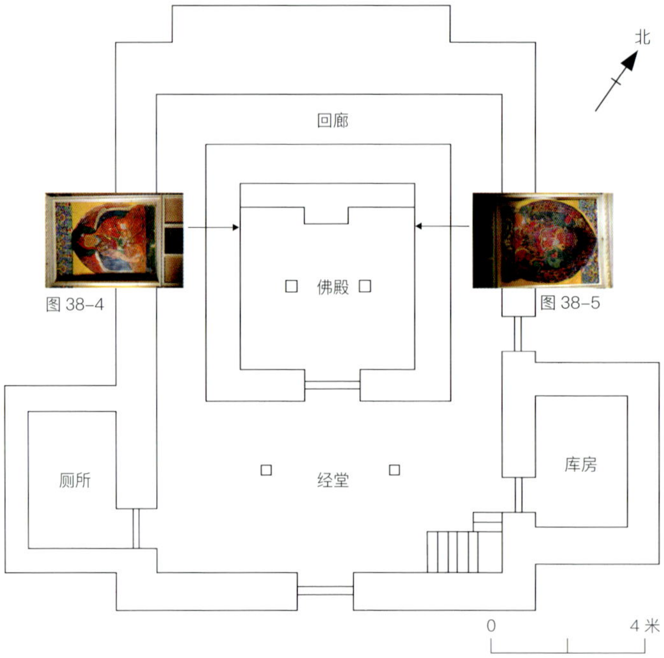

图 38-3　亚钦寺一层建筑平面及壁画位置图

图 38-4　亚钦寺佛殿西壁壁画

图 38-5　亚钦寺佛殿东壁壁画

图 38-6　亚钦寺二层转经回廊东壁壁画

图 38-7　亚钦寺二层转经回廊北壁壁画

སྨིན་ཐོག་སྐྱིད་དཀོན།

第 39 章

扎囊县敏珠林寺

敏珠林寺（སྨིན་གྲོལ་གླིང་དགོན།）位于扎囊县扎其乡敏珠林村，北纬 29° 11′ 02.5″，东经 91° 24′ 21.2″，海拔 3758 米。

10 世纪末，鲁梅·楚臣喜饶曾在此修建过一座规模不大的寺庙，1677 年，宁玛派伏藏师德达岭巴·吉美多杰（1646～？）据此创建了邬坚敏珠林寺（成熟解脱洲），寺院以传授“南藏”为主，也传授“三素尔”以来的宁玛派经典，并采取父子或翁婿方式传承寺主之位。

据《土观宗派源流》认为，德达岭巴是扎巴恩协、多安林巴（12 世纪人）的转世，他的弟弟达玛室利译师为敏珠林寺主，博通显密新旧教法、五明技艺，著作亦很丰富，1718 年准噶尔入侵时，达玛室利等人遇害，寺亦被毁，不久又恢复旧观（参见土观·罗桑却季尼玛：《土观宗派源流》，西藏人民出版社，1984 年，第 44 页）。敏珠林寺在“文革”期间遭到毁坏，现恢复了原貌，并成立敏珠林佛学院，是卫藏地区唯一以宁玛巴为宗的佛学院。学制九年，前五年开设显宗五部大论课程，而后一年学习密宗续部，学绩优异者，可再学习三年的大圆满课程。2006 年公布为全国重点文物保护单位。

敏珠林寺位于群山环抱的山谷中，山清水秀，地势优越，东面为米友山，西面为哲布山，南面是却丹山，北面是丹玛山。寺院坐西北朝东南，围墙为多边形，面积约 10 万余平方米。寺内建筑群由祖拉康、桑俄颇章殿、朗杰颇章殿、曲果伦布拉康、堆对曲登塔、僧舍等组成（图 39-1～图 39-4）。

祖拉康坐西北朝东南（以下按“坐西朝东”描述方位），高三层，房顶有镀金法轮和金鹿、金顶等装饰，为寺内最重要的建筑。

底层由门厅、经堂、佛殿、白钦拉康、写耶拉康、护法神殿等组成。

图 39-1　敏珠林寺航拍图

门厅有四根柱子，四壁皆绘为壁画。东壁两侧为寺志（图 39-5）；南壁东侧为轮回图，西侧为持钺护法神（图 39-6）；西壁两侧为四大天王（图 39-7）；北壁西侧为护法神，东侧为宇庙构成图（图 39-8）。壁画年代不详。

经堂有 20 根柱子，中间柱子撑起天井，四壁皆绘有壁画（图 39-9）。北壁、东壁、南壁的主要题材为无量寿佛及其化身，其中，北壁西端为过去佛及其传记故事，余为无量寿佛及其化身（图 39-10）；东壁皆为无量寿佛及其化身（图 39-11）；南壁西端为莲花生其及传记故事，余为无量寿佛及其化身（图 39-12）；西壁南侧主像为普贤菩萨，两侧为多吉生巴和绿度母，周围为莲花生的九位弟子，西壁北侧主像为莲花生及二妃，周围为他的八个变化身（图 39-13）。壁画年代应为 17 世纪建寺时绘制，局部可能为后期重绘。

佛殿有 4 根柱子，主供释迦牟尼佛及弟子迦叶、阿难塑像（图 39-14），佛像背光华丽，塑有大鹏鸟、海龙及狮羊等形象，左右有八大菩萨的立像，大门两旁有护法神塑像。佛殿的塑像之间绘有壁画，题材为八大药师佛及梵天、帝释天等神祇（图 39-15，图 39-16），可能为晚近所绘。

经堂南面东侧有白钦拉康，分前、后两室，前室有 6 根柱子，内供有神像，后室有 2 根柱子，存放供品。西侧有写耶拉康，有 4 根柱子，供有德钦却珠的银制灵塔，西边是镀金释迦狮子（莲花生八种化身之一）的塑像和其他七种化身（莲花生、日光、狮子吼、愤怒金刚、莲花金刚、莲花王、爱慧）及德达岭巴塑像。正中供有《甘珠尔藏》经书一套。经堂北有两间护法神殿，各有 4 根柱子，门框、门楣上绘单线勾勒图像，有人头流苏，护法神多头多臂，面目狰狞凶恶。

祖拉康二楼围绕天窗，周围有多间拉康，其中尊者殿（写热拉康）位于中部，有 6 根住子，

图 39-2　敏珠林寺航拍图

图 39-3　敏珠林寺祖拉康外景

内供十六罗汉泥塑像，四周皆绘有壁画（图 39-17）：

① 东壁外侧南端为五部佛（图 39-18）；

② 东壁外侧北端为三世佛及弟子（图 39-19）；

③ 东壁内侧南端主像为无量光佛及弟子，两侧为持金刚、马头明王（图 39-20）；

④ 东壁内侧北端为“释迦六戒”，主像为四臂观音，下为马头明王（图 39-21）；

南、西、北三壁的主要题材为“受过别解脱和菩萨戒”的历代祖师像，皆为高僧和历史人物，其中上方一层为“长生”的化身，为趋入大乘解脱道的众上师，下方各层为趋入“别解脱戒”律仪的众上师。包括：

⑤ 南壁（图 39-22）；

⑥ 西壁（图 39-23）；

⑦ 北壁西侧（图 39-24）；

⑧ 北壁折墙（图 39-25）；

⑨ 北壁东侧，题材为二十一度母像（图 39-26）。

西壁正中的佛龛上方有一小天井，天井的南西北三壁皆绘有壁画，南壁主像似为吉美林巴（遍知者），四周似为宁玛派上师（图 39-27）；西壁窗户上方为寂护、莲花生、赤松德赞三尊（图 39-28）；北壁主像似为隆庆热将巴，四周似为宁玛派上师（图 39-29）；这部分壁画的年代不详。

祖拉康第三层有德钦拉康和喇嘛拉康。

德钦拉康（极乐寝宫）有 4 根柱子，是大译师达玛室利（曲白加措）的寝宫，据说大译师在此编写过密宗释义等诸多经典文集。据老僧讲，以前每月有一名僧人在此殿不间断地诵读密咒经。西壁正中供有达玛室利的塑像，左侧为创寺人德达岭巴塑像，右侧为第八代活佛阿旺钦孜诺尔布塑像。南、东、北三壁画绘有壁画，其中，南壁东侧主像为松赞干布、赤松德赞、赤祖德赞“祖孙三法王”，上方小像为文殊、莲花生、观音、持金刚，西侧为无量寿佛及眷属（图 39-30）；东壁主像为三面咒师（敏珠林活佛）像（图 39-31）；北壁西侧主像为宁玛派高僧隆庆热降巴，中部主像似为度母（图 39-34）。这部分壁画的年代，应与建寺同时期，部分为后期重绘。

喇嘛拉康（上师殿）以供奉密宗《大幻续》师承像、五世到十三世达赖喇嘛塑像、大译师达玛室利亲笔书写的经书而得名，现供奉有污秽普贤的塑像、两座幻化静猛天众之立体坛城等。四壁满绘壁画，已被玻璃柜子遮挡，题材为伏藏师和“大圆胜会二部”上师像，这个题材是敏珠林寺特有的（图 39-32，图 39-33）。壁画的年代不详。

桑俄颇章坐东北朝西南（以下按“坐北朝南”描述方位），南侧与祖拉康连接，由门厅、经堂和佛殿组成。

门厅有 2 根柱子，东壁主像为释迦牟尼，似与周围构成八方佛、五部佛，另有佛传故事（图 39-35）；北壁主像似为三世佛，四周为佛传故事（图 39-36）；南壁西侧主像为莲花生，四周为莲花生传记故事（图 39-37）。

经堂有 36 根柱子，中间 4 根长柱直通上层，撑起天井。经堂四壁绘有壁画。

东壁主像似为五部佛，主像之间皆为千佛（图 39-38）。

南壁东侧主像为文殊，中部主像为观音、无

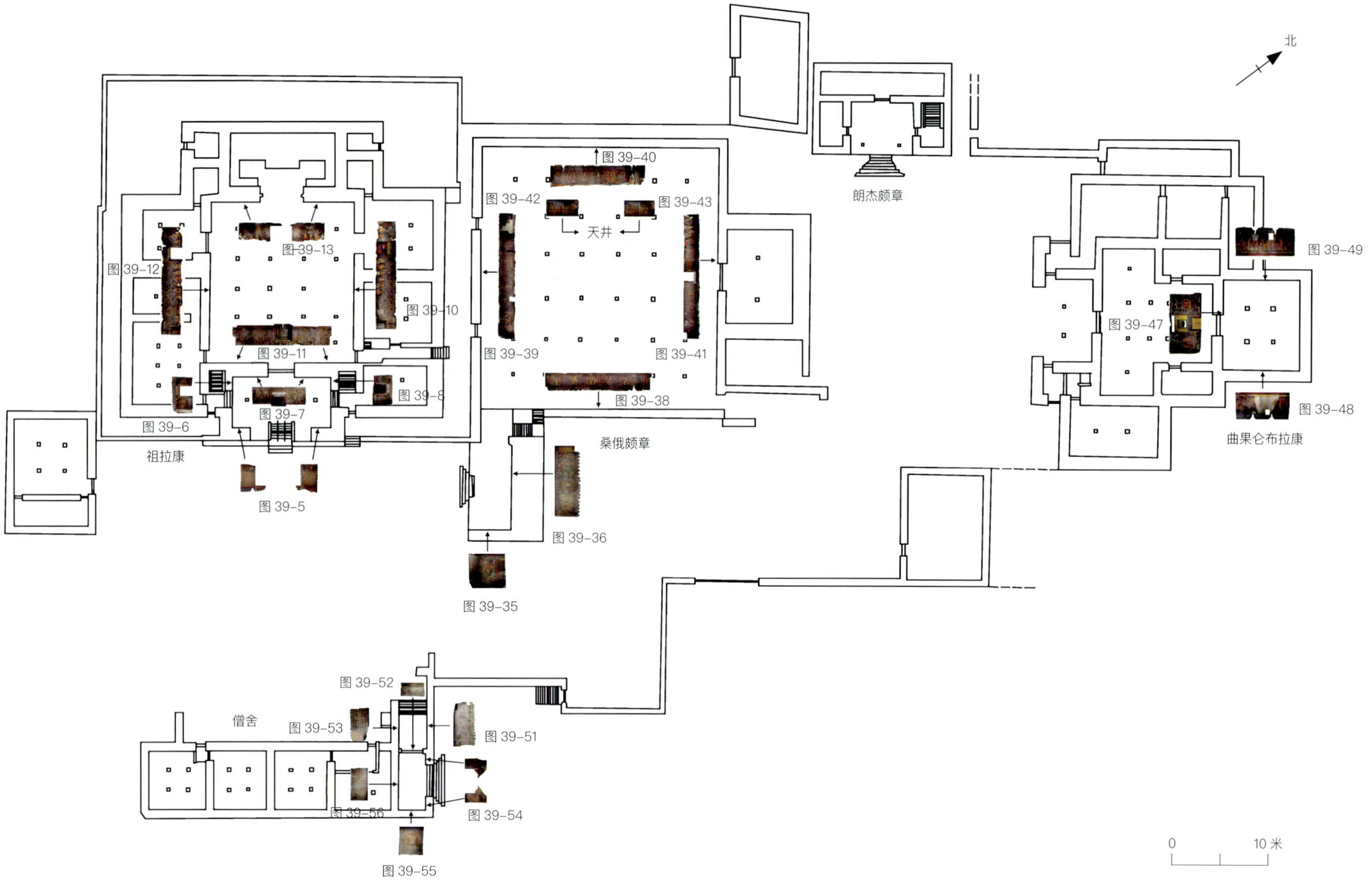

图 39-4　敏珠林寺主体建筑平面分布及壁画位置图

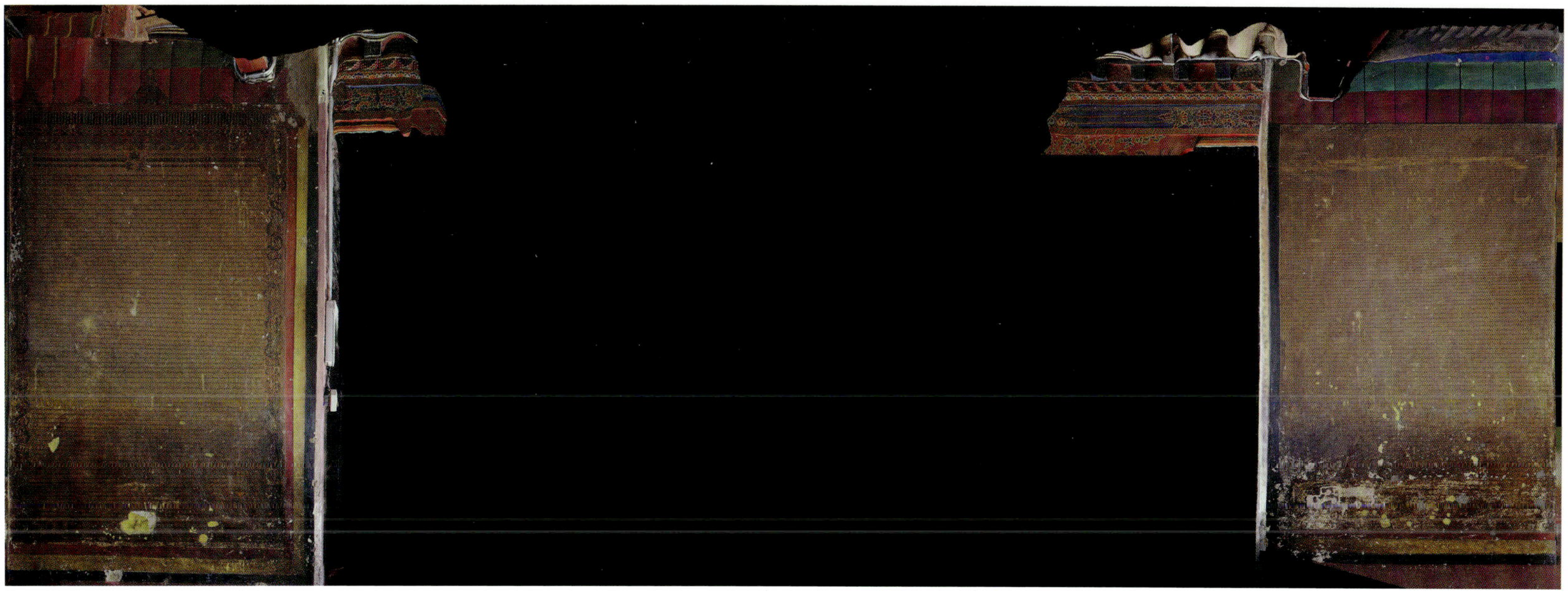

图 39-5　敏珠林寺祖拉康门厅东壁壁画

图 39-6　敏珠林寺祖拉康门厅南壁壁画

图 39-7　敏珠林寺祖拉康门厅西壁壁画

图 39-8　敏珠林寺祖拉康门厅北壁壁画

图 39-9　敏珠林寺祖拉康经堂

量寿佛、金刚手，西侧主像不清；东侧门楣上为般若佛母和宁玛派活佛，西侧门楣上为五部佛；主像之间皆为千佛小像（图 39-39）。

西壁主像似为五部佛，主像之间皆为千佛（图 39-40）。

北壁西侧主像分别为持金刚、普贤、莲花生，东侧为三世佛（燃灯佛、释迦牟尼、弥勒佛），主像之间皆为千佛（图 39-41）。

天井西壁绘有壁画，南侧主像为释迦牟尼及弟子，四周为十六罗汉（图 39-42）；北侧主像为莲花生，四周为他的众弟子（图 39-43）。

这部分壁画应为 17 世纪建寺时绘制，局部为后期修补。

佛殿有 2 根柱子，内供四臂观音镀金像和释迦牟尼、不动金刚、马头明王等护法神塑像，壁画为释迦牟尼像。

朗杰颇章位于桑俄颇章西北侧，坐西北朝东南，现为新修，无旧壁画。

曲果仑布拉康位于桑俄颇章北侧，坐东北朝南西（以下按"坐北朝南"描述方位），高三层，一层由门厅、经堂、佛殿等组成。门厅有 2 根柱子，原有四大天王壁画，现存残迹（图 39-44）。门厅东侧甬道墙上也有壁画残迹，题材有吉祥天母、大象等（图 39-45，图 39-46）。

经堂有 10 根柱子，无壁画。

佛殿有 4 根柱子，殿内供有德达岭巴的镀金铜像。南、东、西三壁绘有壁画。南壁东侧主像为不动佛，西侧主像为无量光佛（图 39-47）；东、西两壁绘有十方佛（即东方宝生佛、南方无忧吉祥佛、西方宝光佛、北方帝释佛、东南莲花妙吉祥佛、西南日现妙吉祥佛、西北凶妙佛、东北禅定象妙吉祥佛、上方喜吉祥佛、下方莲花吉祥佛）壁画（图 39-48，图 39-49）。

曲果仑布拉康第二层、第三层皆为新修。其中第二层围廊尚存局部壁画残迹，为数字图（图 39-50）。这部分壁画应为 17 世纪建寺时绘制。

堆对曲登塔位于祖拉康东北约 50 米处，由德巴岭巴主持修建。塔高 13 层，第一层为强巴殿，殿内供有强巴佛塑像，两边有八大随佛弟子及度母像，顶层有镀金十三法轮。塔的周围还有 8 座德西曲登小塔。

祖拉康东面有一排僧舍，僧舍北侧有东西两间门厅，皆绘有壁画，主像为护法神，以山峦云雾为背景，壁画年代不详（图 39-51，图 39-52，图 39-53，图 39-54，图 39-55，图 39-56）。

图 39-10　敏珠林寺祖拉康经堂北壁壁画

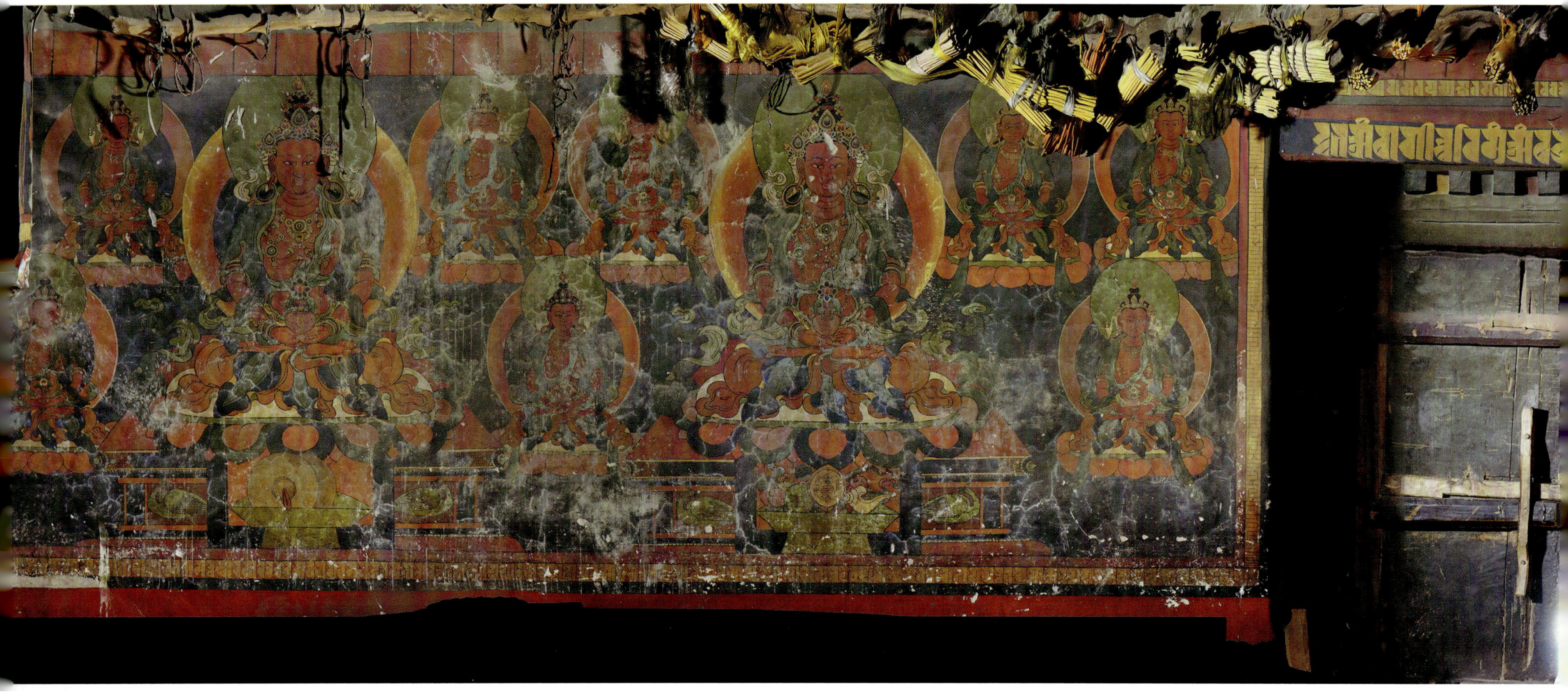

图 39-11　敏珠林寺祖拉康经堂东壁壁画

图 39-10　局部

图 39-11 局部

图 39-12　敏珠林寺祖拉康经堂南壁壁画

图 39-13　敏珠林寺祖拉康经堂西壁壁画

图 39-12　局部

图 39-13 局部

图 39-14　敏珠林寺祖拉康佛殿释迦牟尼佛像

图 39-15　敏珠林寺祖拉康佛殿局部壁画

图 39-16　敏珠林寺祖拉康佛殿局部壁画

图 39-17　敏珠林寺祖拉康二层建筑平面及壁画位置图

图 39-18　敏珠林寺祖拉康二层尊者殿东壁外侧南端（A）壁画

图 39-19　敏珠林寺祖拉康二层尊者殿东壁外侧北端（B）壁画

图 39-20　敏珠林寺祖拉康二层尊者殿东壁内侧（C）壁画

图 39-21　敏珠林寺祖拉康二层尊者殿东壁内侧北端（D）壁画

图 39-22　敏珠林寺祖拉康二层尊者殿南壁（E）壁画

图 39-23　敏珠林寺祖拉康二层尊者殿西壁（F）壁画

图 39–24　敏珠林寺祖拉康二层尊者殿北壁西侧（G）壁画

图 39–25　敏珠林寺祖拉康二层尊者殿北壁折墙（H）壁画

图 39–26　敏珠林寺祖拉康二层尊者殿北壁东侧（I）壁画

图 39-27　敏珠林寺祖拉康二层尊者殿西壁佛龛天井南壁壁画

图 39-28　敏珠林寺祖拉康二层尊殿西壁佛龛天井壁画

图 39-29　敏珠林寺祖拉康二层尊者殿西壁佛龛天井北壁壁画

图 39-30　敏珠林寺祖拉康三层德钦拉康南壁壁画

图 39-31　敏珠林寺祖拉康三层德钦拉康东壁壁画

图 39-32　敏珠林寺祖拉康三层上师殿局部壁画

图 39-33　敏珠林寺祖拉康三层上师殿局部壁画

图 39-34　敏珠林寺祖拉康三层德钦拉康北壁壁画

图 39-35　敏珠林寺桑俄颇章门厅东壁壁画

图 39-36　敏珠林寺桑俄颇章门厅北壁壁画

图 39-37　敏珠林寺桑俄颇章门厅南壁西侧壁画

图 39-38　敏珠林寺桑俄颇章经堂东壁壁画

图 39-39　敏珠林寺桑俄颇章经堂南壁壁画

图 39-38　局部

图 39-39　局部

图 39-40　敏珠林寺桑俄颇章经堂西壁壁画

图 39-41　敏珠林寺桑俄颇章经堂北壁壁画

图 39-40　局部

图 39-41　局部

图 39-42　敏珠林寺桑俄颇章经堂天井西壁南侧壁画

图 39-43　敏珠林寺桑俄颇章经堂天井西壁北侧壁画

图 39-44　敏珠林寺曲果仑布拉康门厅残存壁画

图 39-45　敏珠林寺曲果仑布拉康门厅东侧甬道残存壁画

图 39-46　敏珠林寺曲果仑布拉康门厅东侧甬道残存壁画

图 39-47　敏珠林寺曲果仑布拉康佛殿南壁壁画

图 39-48　敏珠林寺曲果仑布拉康佛殿东壁壁画

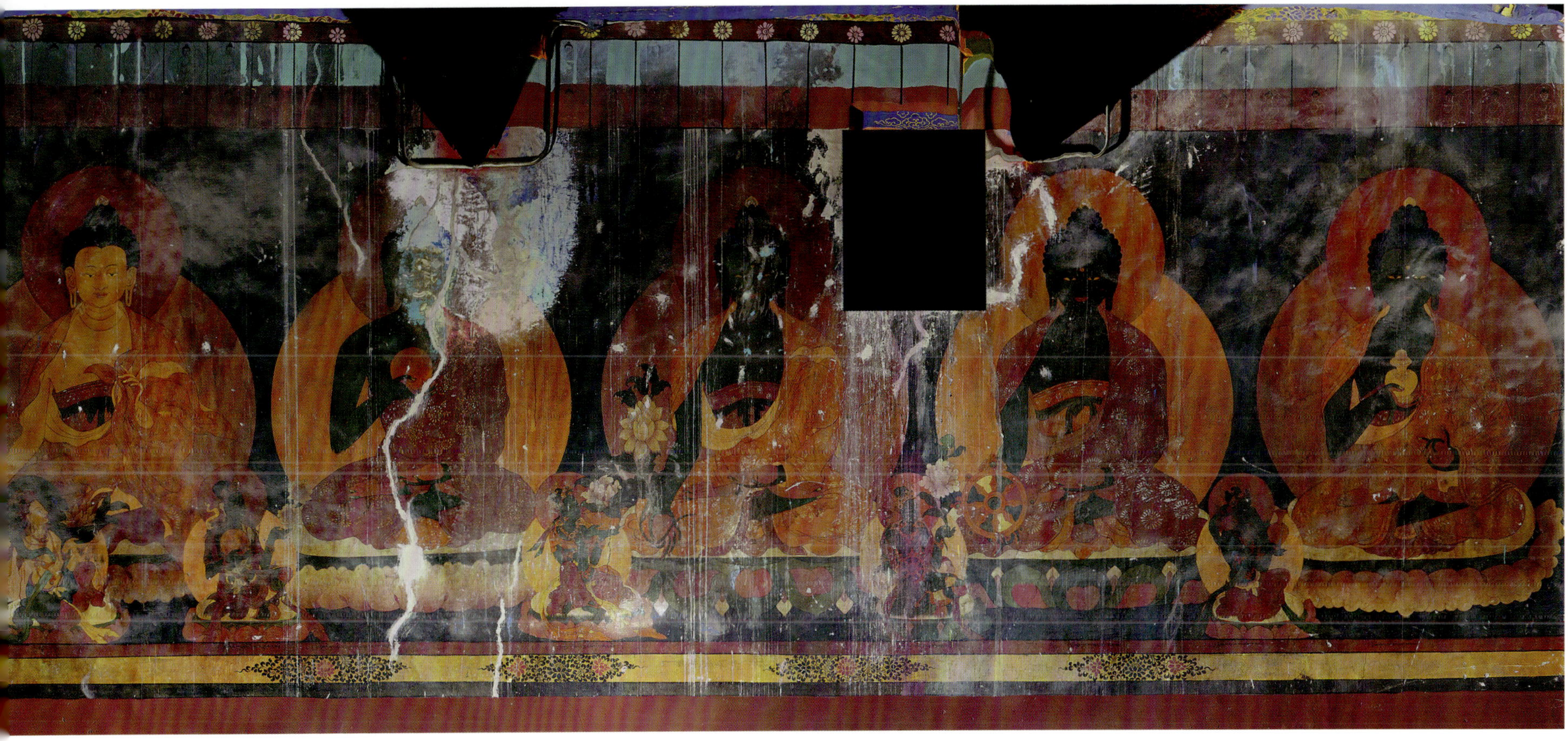

图 39-49　敏珠林寺曲果仑布拉康佛殿西壁壁画

图 39-50　敏珠林寺曲果仑布拉康二层围廊残存壁画

图 39-51　敏珠林寺僧舍北门厅北壁壁画

图 39-52　敏珠林寺僧舍北门厅东壁壁画

图 39-53　敏珠林寺僧舍北门厅南壁壁画

图 39-54　敏珠林寺僧舍南门厅北壁壁画

图 39-55　敏珠林寺僧舍南门厅东壁壁画

图 39 56　敏珠林寺僧舍南门厅南壁壁画

第40章

扎囊县朗赛林庄园

朗赛林庄园（རྣམ་སྲས་གླིང་གཞིས་ཀ）位于扎囊县扎其乡朗色林村，与桑耶寺隔雅鲁藏布江相望，为全国重点文物保护单位（图 40-1，图 40-2）。

朗赛林庄园兴建于帕竹王朝时期，据记载，在多吉白担任万户长时期，建立了颇章冈、聪堆扎卡、乃东、尼木、哈洛冈、塘波且林麦、门卡尔扎西董、甲塘、加孜直古却丹林、且噶尔等许多庄园，其中，门卡尔扎西董就是朗赛岭庄园。另据海瑟·噶尔美著《早期汉藏艺术》（中国藏学出版社，1994 年，第 165 页），该庄园建筑的年代至少为 14 世纪。民主改革前，该庄园为贵族朗色林家族（班觉晋美）所有，该家族出过一些著名人物，包括多吉扎寺的两个活佛、大学者班禅·罗桑益西和原地方政府的噶伦等。朗赛林庄园对于了解帕竹王朝时期的宗溪管理制度有十分重要的意义。在“文革”时期，庄园遭到破坏，主楼内部倒塌，五至七层基本不存。2006 年，国家对朗赛林庄园进行了抢救性维修，恢复了主体建筑原样。

主楼高达七层，坐北朝南，高 22 米，底层是牲畜圈；二层为库房；三、四层各有一间 12 根柱子的经堂（图 40-3）；五层是甘珠尔拉康和神殿；六层东部是庄园主的住房，西部是小经堂；七楼有护法神殿和庄园主的卧室。

现四层经堂的东壁南侧、南壁、西壁南侧保存有局部壁画，题材似为二十一度母像，应为建筑同时期留下的壁画（图 40-4～图 40-6）。

图 40-1　朗赛林庄园航拍图

图 40-2　朗赛林庄园外景

图 40-3　朗赛林庄园四层经堂

图 40-4　朗赛林庄园四层经堂东壁南侧壁画

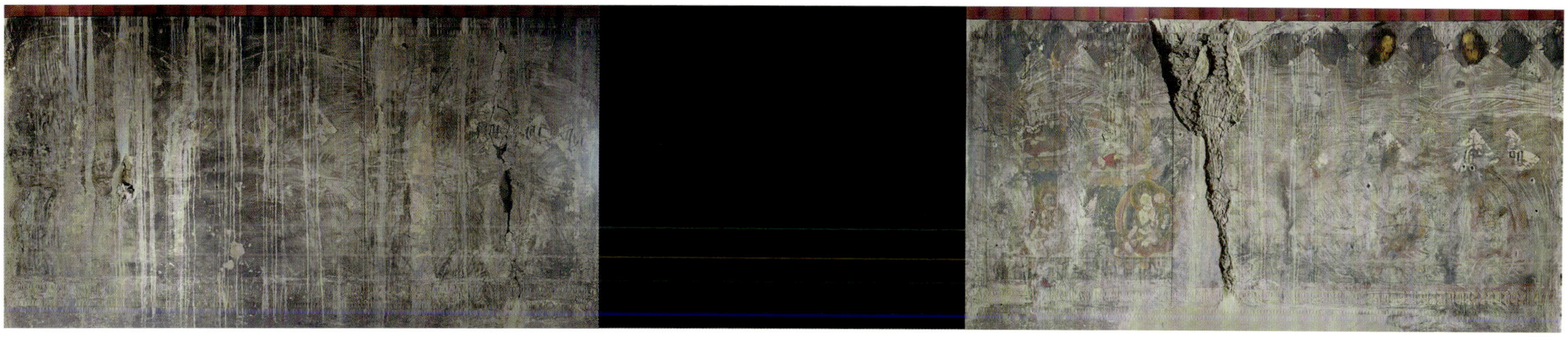

图 40-5　朗赛林庄园四层经堂南壁壁画

图 40-6　朗赛林庄园四层经堂西壁南侧壁画

第41章

贡嘎县森布日寺

森布日寺（སྲིན་པོ་རི་དགོན།）位于贡嘎县岗堆镇森布日村，北纬 29° 18′ 59.1″，东经 90° 46′ 51.0″，海拔 3599 米。

森布日寺地处雅鲁藏布江北岸的山脚下，即《卫藏道场胜迹志》中提到的“丈松森布日山”，1204 年，超浦译师迎请释迦室利来藏传戒，随行者有九小班智达，毗补迪为九人之一，当时即驻锡此寺，“并塑造班智达身量相等的胜乐金刚像和修建殿堂”（引《卫藏道场胜迹志》，注 186）。

据《青史》记载：“当喀钦班钦（即释迦室利）住在勒谟伽（可能指唐布且寺）时，有一枳空巴的康区僧人到班钦座前募化法衣，班钦的侍者对康僧说，只有身上穿着的一件法衣，而未施与。因此，康僧用手抓着班钦身穿的法衣而求施。侍者只好给他，但怒而打了康僧嘴上一下，打得鼻血直流。喀钦班钦修持时，常有杰准玛（指救度母）不断来到。可是从那日起一直七日未来。班钦心想这是何罪过？……（后启问度母，度母）答：‘当以等同自己岁数来计件的法衣施与其他出家僧人，这样可以除净。’后来班钦来到前藏生波山中时，迎请来楚普哇、枳空巴、甲玛哇诸师。班达毗布底真扎对班钦说：‘这位洽甲哇（指枳空巴）太虚伪，不合来到我们嘎举派的地方。’班钦心中失惊说道：‘布底！布底！（班底达之名）不可那样说，对于佛来说，是没有淆惑颠倒的。枳空巴即是阿阇黎龙树，你造下了大罪业，我当去到他的座前作忏悔，而求说法’。毗布底也依班钦所说而作。继后班钦启问救度母：‘毗布底的罪孽是否已除净？’答：‘在此地建一胜乐的寺庙可除净。’后依所说很好地建起寺庙。”（引《青史》，第 390 页）

这是《青史》记述的森布日寺修建的缘起，也呈现了释迦室利的悲悯之心。据调查，寺庙后面原来有四个佛塔，已毁，塔内的擦擦相传为阿底峡制作。由此推测，在释迦室利之前，这里已有修行洞、佛塔和殿堂存在。毗补迪可能只是在旧寺基础上修建了新的殿堂。在《青史》中，此寺成为释迦室利师徒在卫藏活动的一个重要基地。

《青史》还记载：“大班智达对迎送的诸人说：‘我在你们寺中（指森布日寺）住时，那里有《佛颅密续》中所说的三佛，你们的前辈上师虽知而未起深信。因此我将开示教授，将来寺中能出许多具足证悟的人物。’这里所说的三尊佛是：位次互倒的胜乐金刚双尊；释迦牟尼化身像有金刚空行佛母；铃杵和合诸尊。也就在生波日寺作夏令安居；并翻译出阿阇黎耶协业（智友）所著《阿毗达磨杂集论释》；并讲说《阿育王授记经》、《百喻经》和《开示业轮经》等；又开示《慈氏五论》的分类，及《中观六论》等。《慈氏五论》的教导法类，系由生波日寺的寺主请求而讲授。”（《青史》，第 699 ～ 700 页）

据调查，寺庙奉萨迦派，后改宗格鲁派。“文革”时期寺庙因作为粮库才得以保存，1985 年以后，当地村民又对寺庙进行了修缮（图 41–1）。

图 41–1　森布日寺外景

主殿坐西南朝东北，高二层，一层由门厅、经堂、佛殿、护法殿等组成（图 41–2）。

经堂有 12 根柱子，中间两根长柱直通二层，经堂壁画皆为新绘（图 41–3）。天井南、西、北三面尚存旧壁画。南壁中间为帕布岗・德钦宁波（格鲁派活佛，曾驻锡此寺，帕布岗为色拉寺下方的天葬台，相传佛像曾向他开口说话），左侧为十二世达赖，右侧为释迦室利（图 41–4）。西壁南侧为寂护、莲花生、赤松德赞三尊，中间为宗喀巴师徒三尊，北侧阿底峡师徒三尊（图 41–5）；北壁为萨迦派“白衣三祖”，即贡噶宁波、索南孜摩和扎巴坚赞（图 41–6）。壁画的年代不详。

经堂后有佛殿，2 柱，后壁设有佛坛，主供胜乐金刚塑像，还有释迦室利及释迦佛、金刚佛母等，为“文革”后重修。

围绕佛殿有转经廊，内侧有长寿三尊（无量寿佛、度母、尊胜佛母）线描壁画，为黄底红线，应为新绘（图 41-7）。

护法殿贡康位于经堂东北角，门向南，木门上绘有墓葬主图像（图 41-8）。殿内四壁绘有壁画，皆黑地黄线。南壁为供品（图 41-9）；西壁主像为大威德金刚，旁有黑狮、护法小像（图 41-10）；北壁上方有为莲花生、萨迦派高僧等小像，下方为天葬台场面（图 41-11）；东壁主像为独髻佛母，北侧为二护法（图 41-12）。壁画的年代不详。

寺庙上方约 100 米的山脚巨石下，为释迦室利的修行洞，称为“克什班钦卓布”，相传阿底峡、宗喀巴也曾在此修行。山洞正面对着开阔的雅鲁藏布江北岸江滩，修行洞利用自然洞窟，四面筑墙而成，总面积近 40 平方米。内可分为修行室、杂屋、过道、寝室等空间（图 41-13～图 41-16）。修行室位于洞窟深处，宽 3 米多，深约 4 米，西壁设佛台，四壁绘有壁画。南壁主像为无量寿佛，左侧为乃穷玛（图 41-17），西壁北侧为阿底峡和仲敦巴（图 41-18）；北壁西侧自西向东分别为持金刚、米拉日巴、次仁那珠（六长寿）（图 41-19），北壁东侧为跳羌姆神舞的场面（图 41-20）；东壁北侧为虎（护法者）（图 41-21）。这部分壁画的年代不详。

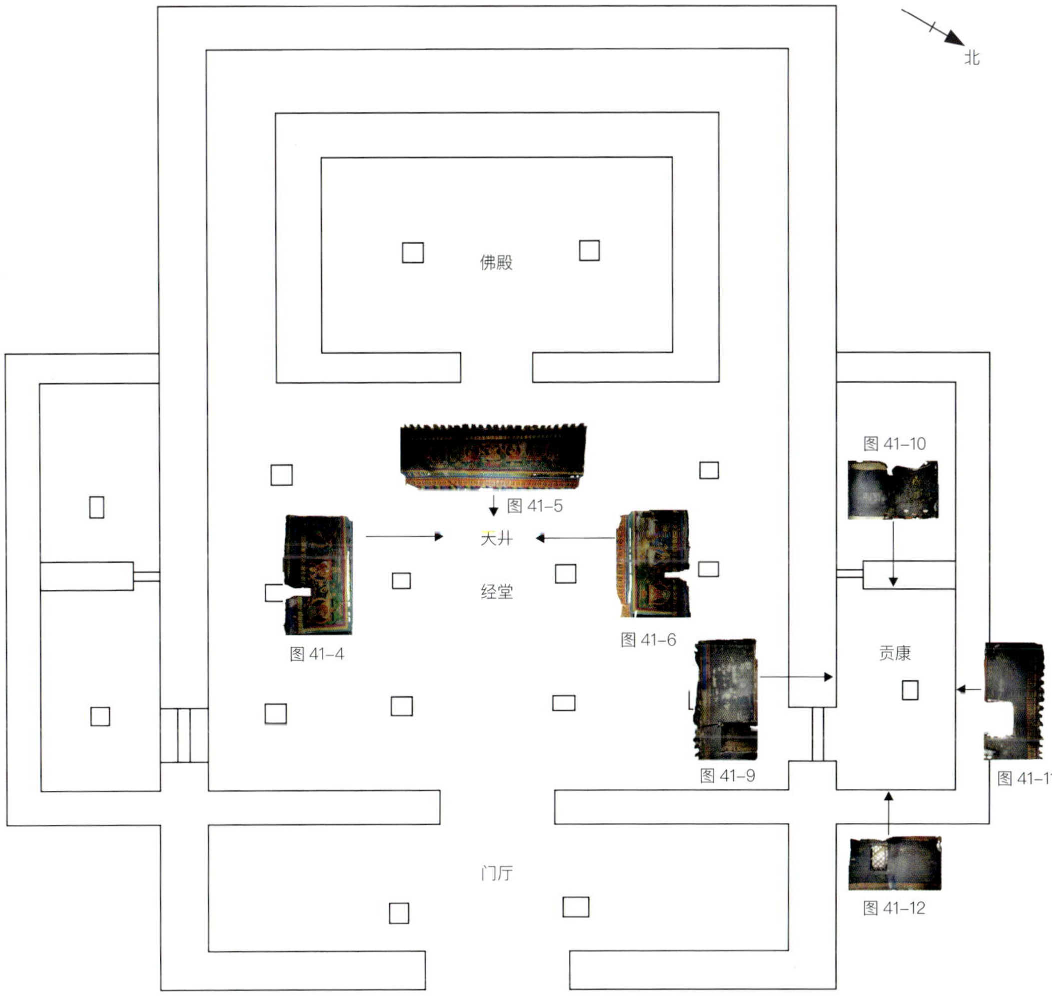

图 41-2　森布日寺主殿建筑平面及壁画位置示意图

图 41-3　森布日寺经堂

图 41-4　森布日寺经堂天井南壁壁画

图 41–6　森布日寺经堂天井北壁壁画

图 41–7　森布日寺佛殿转经廊壁画

图 41–8　森布日寺护法殿木门墓葬主图像

图 41-9　森布日寺护法殿南壁壁画

图 41-10　森布日寺护法殿西壁壁画

图 41–11　森布日寺护法殿北壁壁画

图 41–12　森布日寺护法殿东壁壁画

图 41-13　释迦室利修行洞外景

图 43-14　释迦室利修行洞内景

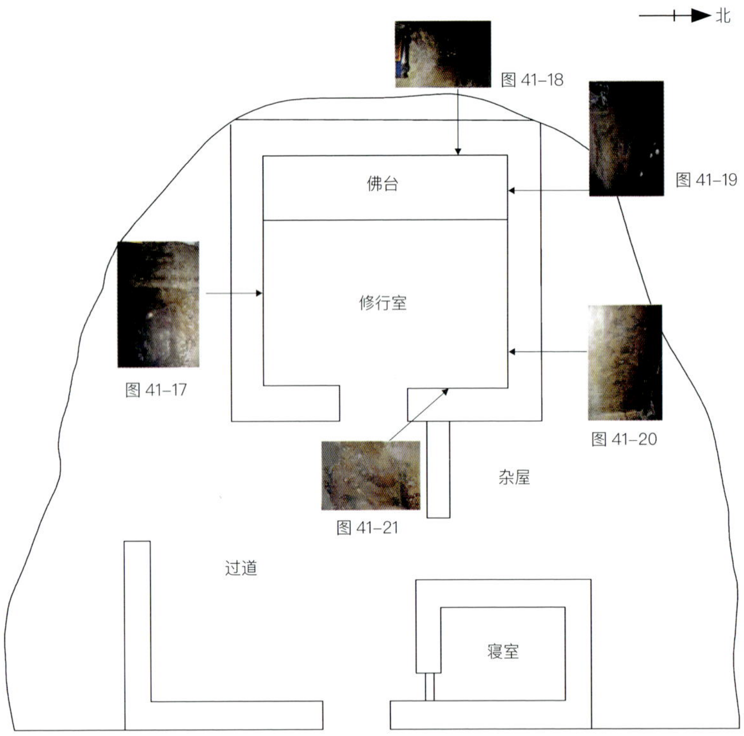

图 41-15　释迦室利修行洞平面及壁画位置示意图

图 41-16　森布日寺佛塔中出土的擦擦，相传为阿底峡制作

图 41–17　释迦室利修行室南壁壁画

图 41–18　释迦室利修行室西壁北侧壁画

图 41–19　释迦室利修行室北壁西侧壁画

图 41–20　释迦室利修行室北壁东侧壁画

图 41–21　释迦室利修行室东壁北侧壁画

第 42 章

贡嘎县嘛呢拉康

嘛呢拉康（མ་ཎི་ལྷ་ཁང་）位于贡嘎县甲竹林镇甲日村委会那若雪自然村内，北距那若达布扎仓约300米，北纬29° 13′ 37.2″，东经90° 55′ 38.6″，海拔3668米。

嘛呢拉康约建于19世纪初，由当地的曲珠喇嘛创建，属萨迦派，同时还融合了噶当派的教义，这种情况与附近的达布扎仓相似。

拉康坐西朝东，高一层，建筑由经堂、嘛呢殿、庭院、僧舍等组成（图42-1，图42-2）。

经堂2柱，四壁保存壁画较好（图42-3，图42-4）。

西壁南侧，中央为释迦牟尼及弟子，上方左侧为十三世达赖，右侧为班禅像（图42-5）；西壁北侧为宗喀巴师徒三尊和五世达赖像（图42-6）。

北壁为天王和十八罗汉像中的九尊（图42-7）。

东壁从北向南为天王、吉祥天母、六臂依怙、阎罗王等（图42-8）。

南壁为天王和十八罗汉像中的九尊（图42-9）。

天井的南、北壁也绘有壁画，南壁为马头明王和阿底峡师徒三尊（图42-10）；北壁西侧二尊名称不明，东侧二尊分别为持金刚和金刚手（图42-11）。

经堂之后为嘛呢殿，之间以四柱神龛作分隔，嘛呢殿有2柱，柱间设有大型的转经筒。南、西、北三壁绘有壁画，其中，南壁为空行佛母坛城和无量寿佛坛城（图42-12）；西壁主像为十一面千手观音，旁边有金刚持、文殊小像（图42-13）。北壁为莲花生坛城和绿度母坛城（图42-14）。

壁画的年代为19世纪初，新门唐派风格。

图42-1　嘛呢拉康航拍图

图42-2　嘛呢拉康外景

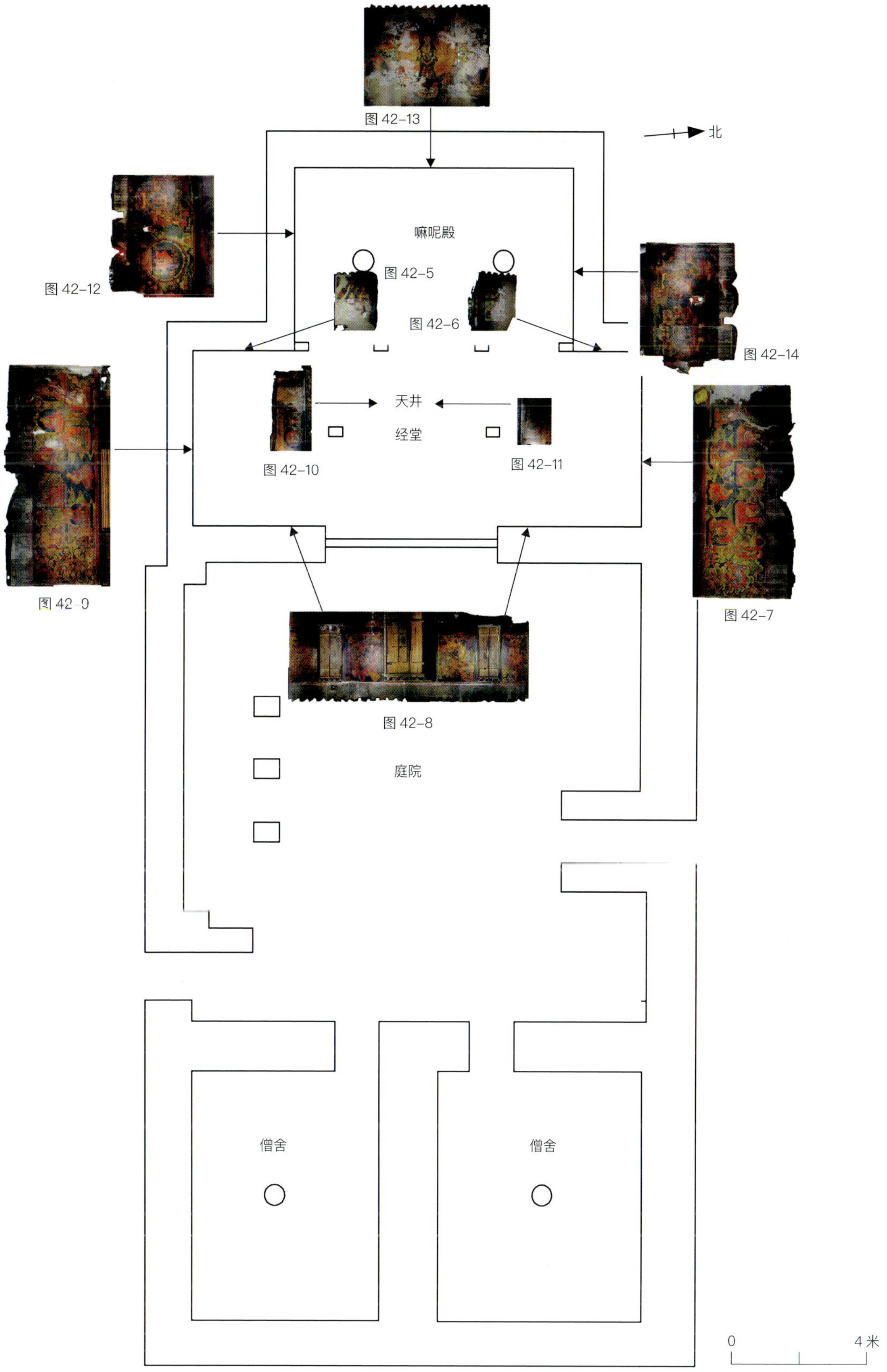

图 42–3　嘛呢拉康建筑平面及壁画位置图

图 42–4　嘛呢拉康经堂

图 42-5　嘛呢拉康经堂西壁南侧壁画

图 42-6　嘛呢拉康经堂西壁北侧壁画

图 42-7　嘛呢拉康经堂北壁壁画

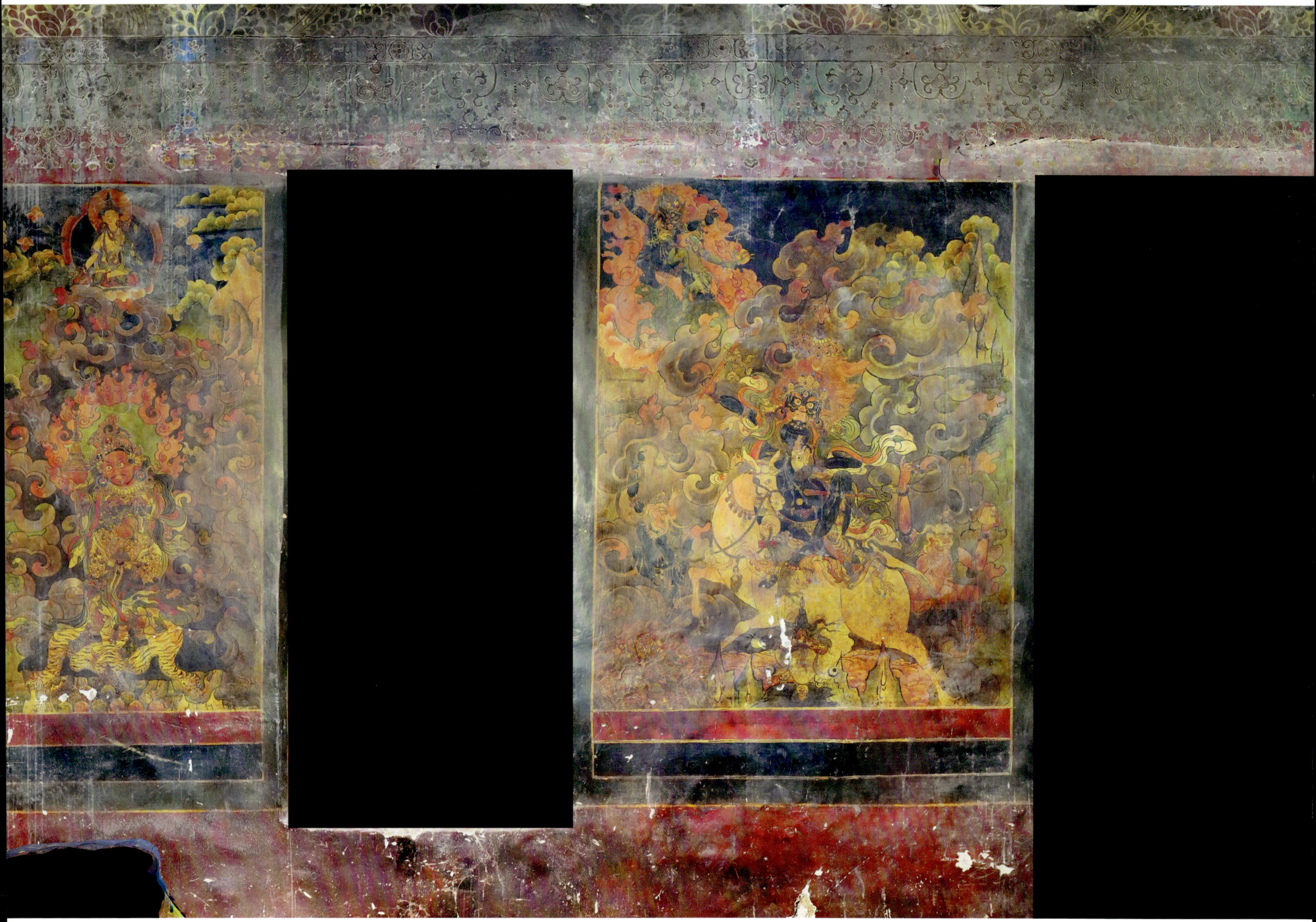

图 42–8　嘛呢拉康经堂东壁壁画

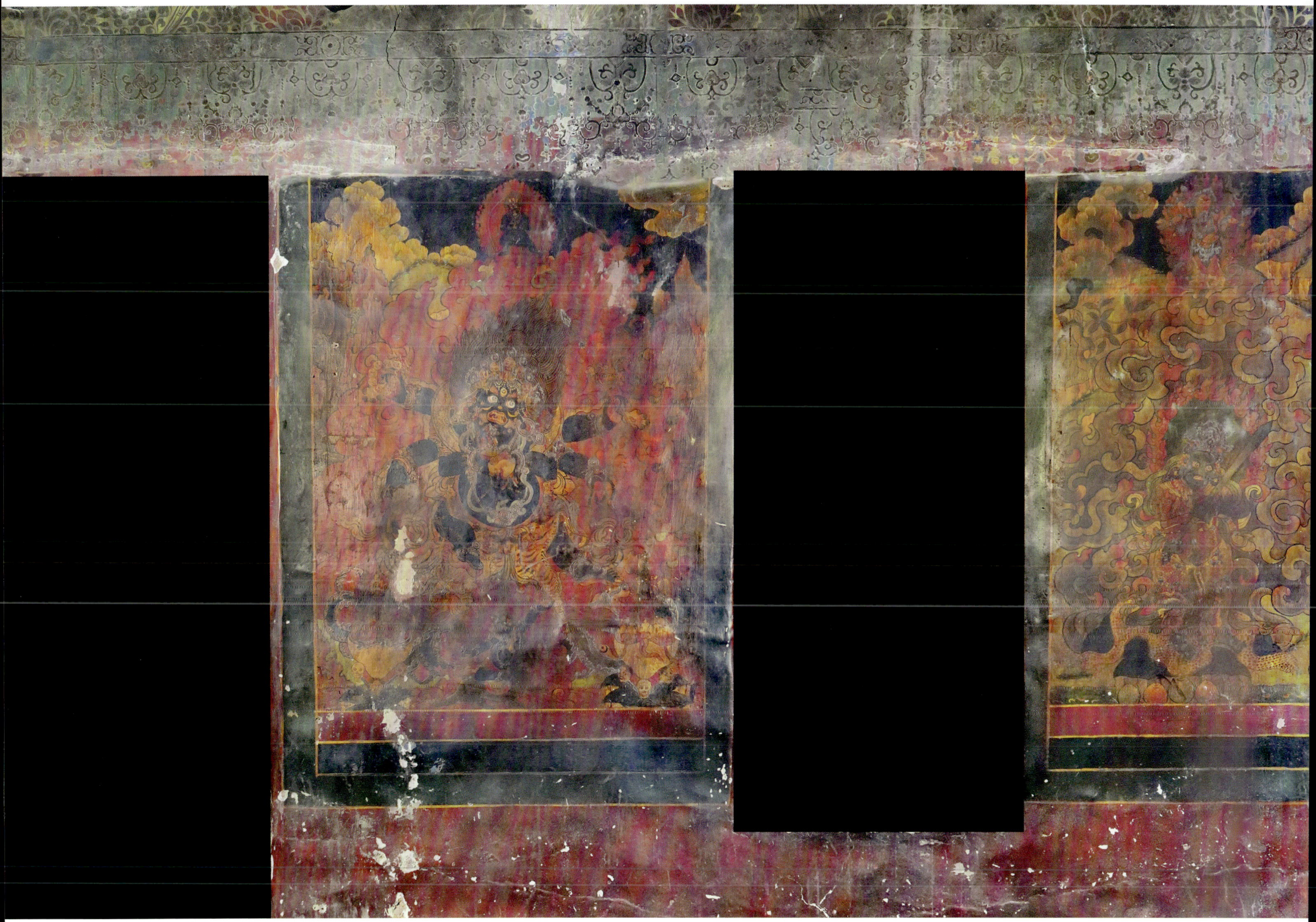

图 42-7　局部

图 42–8　局部

图 42-9　嘛呢拉康经堂南壁壁画

图 42-10　嘛呢拉康经堂天井南壁壁画

图 42–11　嘛呢拉康经堂天井北壁东侧壁画

图 42-12　嘛呢拉康嘛呢殿南壁壁画

图 42–12　局部

图 42-12　局部

图 42–13　嘛呢拉康嘛呢殿西壁壁画

图 42-14　嘛呢拉康嘛呢殿北壁壁画

图 42-14　局部

后记

2017年5～7月，湖南省文物考古研究所和山南市文物局组成联合团队，在山南市选择了17座古寺庙，对其壁画进行数字化记录。2019年3月，由科学出版社出版的《山南壁画》一书，即为这项工作的成果。2019年5～6月和2020年7月，工作团队又陆续完成了山南市剩下的42座古寺庙的壁画数字化工作，《山南壁画补编》即是后两次工作的成果。在这两部报告中，壁画采集的范围为山南市下辖的桑日、曲松、乃东、琼结、隆子、错那、措美、洛扎、浪卡子、扎囊、贡嘎等十一个县（加查县没有发现）；壁画采集的年代下限为20世纪50年代西藏民主改革以前。至此，山南市现存古代壁画的数字化采集工作已全部完成。这两部报告基本上反映了山南古代壁画的完整信息。但需要指出的是，一些寺庙的部分壁画被神龛、柜架遮住，以至难以拍摄；此外，故宫博物院做过贡嘎县贡嘎曲德寺壁画数字化工作，我们未重复再做，此寺的资料可参见罗文华、格桑曲培主编《贡嘎曲德寺壁画》（故宫出版社，2015年）一书。

本报告中对于寺庙沿革和现状的一般性描述，除实地调查资料，还参考了山南市历次文物普查资料，包括：山南地区文物局编《西藏山南地区寺院名录》（内部资料）；山南地区文管会编《桑日县文物志》（土登朗嘎、强巴次仁主编，成都科技大学出版社，1992年）；西藏自治区文管会编《乃东县文物志》（索朗旺堆、张仲立主编，内部资料）；西藏自治区文管会编《琼结县文物志》（索朗旺堆、康乐主编，内部资料）；西藏自治区文管会编《扎囊县文物志》（索朗旺堆、何周德主编，内部资料）；《错那、隆子、加查、曲松县文物志》（索朗旺堆主编，霍巍、李永宪、更堆编写，西藏人民出版社，1993年）。

报告中壁画神祇名称的确认，主要来自寺庙调查，可能会存在缺漏和错误；报告中的文字描述，侧重于寺庙的历史沿革和壁画的题材说明，未及图像细节及壁画风格，学者可根据所提供的图片，从图像学和艺术史等不同角度，进行精细的研究。

本报告由柴焕波、强巴次仁主编。工作团队由柴焕波、强巴次仁、莫林恒、多吉次仁、贾英杰等组成。具体分工：柴焕波负责项目的实施和报告的编写；强巴次仁负责各个部门的协调；莫林恒担任调查和后勤保障；多吉次仁担任调查和藏文翻译；贾英杰担任照片拍摄和后期制作。

本项目得到了湖南省文物考古研究所郭伟民所长、西藏自治区文物保护研究所哈比布所长、李林辉所长的支持；在项目的实施过程中，我们还得到了各县文物干部和寺庙僧人的大力协助，许多寺庙的僧人不厌其烦地为我们释读解惑，一些寺庙的管理人员还为我们拆卸壁画前的保护铁网、挪动柜架等遮挡物。正是有他们的悉心关照，我们才得以在很短的时间内，顺利地完成了这个项目，此随喜功德，当回向于他们各位：

山南市文化（文物）局书记司刚存；

山南市文化（文物）局局长多吉；

乃东县文化局副局长拉珍；

琼结县文化局局长石尚智，文化局干部普布次仁；

隆子县文物局副局长次仁曲桑；

隆子县准巴乡乡长祁占星，边境派出所民警丹增旺庆；

隆子县斗玉乡乡长扎西央金；

错那县文物局局长次仁旺堆；

措美县文物局副局长吴永宽；

扎囊县文物局副局长罗布次仁；

增期寺寺管会书记尼玛次仁、主任罗布次仁，僧人洛桑曲扎；

巴廊却康寺僧人达瓦拉波；

朗真寺第四世活佛强巴洛桑·赤列朗杰，僧人强巴追尊；

恰嘎曲德寺寺管会主任桑旦罗布，民管会主任普布；

昌珠寺寺管会副主任布琼；

西藏唐卡绘画大师普布次仁；

曲德贡寺民管会主任丹增欧珠，寺管会成员扎西、格尼；

坚耶寺民管会主任格桑，寺管会成员次旺桑珠；

若康拉康僧人扎西平措；

白日寺僧人次旦；

唐波切寺僧人索朗次仁、次仁顿珠；

亚钦拉康僧人加措；

觉白嘎尔寺保护员曲珠；

日当寺寺管会主任琼达次仁，民管会主任洛桑崔成；

直囊噶如拉康管理员索朗结布；

加玉寺寺管会主任平措，民管会主任次仁群久；

帕堆寺驻寺民警洛桑、僧人洛桑塔青；

桑亚拉康保护员次仁多吉；

兴玛寺民管会主任索朗次仁；

长曲林寺僧人丹增旺堆、尼玛平措；

拉沃寺僧人洛桑丹巴；

乃西寺寺管会主任巴桑；

日美拉康寺管会主任扎西丹顿，管理员次仁群觉；

卓德寺僧人索朗坚赞；

结林措巴寺主事晋美班旦活佛；

敏珠林寺经师扎西旺堆；

森布日寺寺管会洛桑丹增，管理员拉巴。

编　者

2020 年 8 月

图Ⅰ　工作团队合影
（自左向右：贾英杰、多吉次仁、强巴次仁、柴焕波、莫林恒）

图Ⅱ　工作团队在错那县桑亚拉康

图Ⅲ　工作团队在洛扎县拉隆寺

图Ⅳ　寺庙管理人员为工作团队拆卸保护铁网

图Ⅴ　工作团队与基层干部告别

图Ⅵ　2019 年 6 月 8 日，在西藏自治区“中国文化和自然遗产日”主场活动中，柴焕波研究员向山南市图书馆赠送了《山南壁画》一书